Viviendo desde la calma

Mindfulness, Eckhart
y las situaciones adversas.
El final del ego

Fernando Jorde

Viviendo desde la calma
Mindfulness, Eckhart y las situaciones adversas. El final del ego
Fernando Jorde

Esta obra ha sido publicada por su autor a través del servicio de autopublicación de EDITORIAL PLANETA, S.A.U. para su distribución y puesta a disposición del público bajo la marca editorial Universo de Letras por lo que el autor asume toda la responsabilidad por los contenidos incluidos en la misma.

Diseño de la cubierta: Equipo de diseño de Universo de Letras
Imagen de cubierta: © Fernando Jorde

Obra publicada por el sello Universo de Letras
www.universodeletras.com

Primera edición: Noviembre de 2023
Segunda edición: Septiembre de 2024

ISBN: 9788419774002
ISBN eBook: 9788419776327

*Dedicado a todas las personas
que muestran su sonrisa natural
y, en especial, a Eckhart Tolle.*

Nuevo prefacio del autor

Ha pasado un año y algunos meses desde que ponía el punto final a este libro. En las primeras páginas puede verse el caos en el que se convirtió mi situación de vida. Seguidamente trato de compartir el aprendizaje que podemos encontrar en las situaciones adversas. Con el paso de las páginas, el libro va adquiriendo una perspectiva mayor hacia eso que nos une y resulta tan difícil describir con palabras.

Tras aquella primera entrega del manuscrito hasta esta segunda edición, han sucedido algunas cosas buenas, aunque siguen apareciendo ciertas debilidades o limitaciones y hay algunos asuntos importantes que no he conseguido estabilizar. Aun con todo, sigo confiando. Cada vez recupero antes ese estado tan saludable que todos podemos compartir cuando vivimos el momento presente. Es así como podemos vernos de verdad y disfrutar de un mundo en armonía.

Como noticia buena tengo la que me ha llevado a introducir este prefacio. Se trata de la relación con mis padres. Hablo y me río con ellos cuando tengo ocasión. Normalmente es por teléfono, pero aún así puedo transmitirles lo mucho que les quiero recordándoles a la vez todas las cosas buenas que hicieron por mí. También he podido decirles que todas aquellas conversaciones que tanto daño nos causaban, eran manojos de pensamientos y que lo verdaderamente importante siempre estuvo ahí en el fondo, aunque a veces no pudiéramos verlo. Esto no solo han sido palabras y por eso siento que de alguna manera les ha llegado, algo que para mi alma no tiene precio.

Aprovecho esta ocasión para añadir una reflexión que puede enriquecer el contenido de este libro. Cuando un familiar o quien sea, esté atravesando una faceta difícil o extraña, debemos de tener paciencia. No es fácil, pero si queremos ayudar a las personas que tenemos cerca, lo más sano que podemos hacer por ellas es estar a su lado sin ninguna prisa ni necesidad de nada en concreto. Simplemente estar cerca demostrando nuestro cariño y comprensión. No hay por qué tener siempre las soluciones. Muchas veces basta con estar presente demostrando nuestro amor.

También he de comentar que tras leer el libro nuevamente, algunas partes aún me producían tristeza, lo cual me ha llevado a entrar en ellas en esta segunda edición y he conseguido contarlas en mayor presencia. Aún así, siguen quedando partes duras que no encuentro otra manera de expresarlas, pero que considero necesarias para poder entender el sufrimiento que experimenté. Gracias a él, he encontrado un gran aprendizaje. Hay vivencias duras y difíciles de manejar, sin embargo pueden llegar a disolverse aplicando aceptación y presencia. Al darnos cuenta de que todos podemos equivocarnos, es cuando el ego ya no tiene tanto poder sobre nosotros. Esto abre un camino hacia el perdón, los periodos de paz aumentan y entonces todo es posible.

No hay nada que tenga más claro que para afrontar lo que sea que suceda en la vida y relacionarnos de una manera sana, la clave está en hacernos un poco más conscientes, lo cual requiere vivir en mayor presencia. Yo soy un simple ser humano que ha querido compartir esa forma de entender y de vivir que a mí mismo me cuesta llevar a la práctica. No siempre es fácil. Las nubes pueden aparecer de muchas maneras, pero el sol siempre está detrás. No debemos olvidarlo.

Son muchas las cosas que he aprendido gracias a Eckhart Tolle. Hay personas que no consiguen conectar con el mensaje porque lo habitual es querer entenderlo todo con la cabeza, pero para entender esas enseñanzas se requiere aquietar nuestra mente, solo así podemos escuchar desde el interior y comprender de verdad eso que nos une y resulta tan difícil describir con palabras.

Oiartzun, 9 de septiembre de 2024

Prólogo

Nos encontramos ante un lúcido libro de memorias que funciona como un manual de aprendizaje.

El relato es muy vívido y nos lleva de la mano a un tobogán de emociones del que parece difícil escapar.

Con el paso de las páginas, el autor nos muestra cómo ha logrado evolucionar para salir del pozo oscuro en el que se encontraba, y cómo algunas lecturas —en especial las de Tolle— han servido de salvavidas. La profunda amenidad de la que el autor hace gala es algo que hay que destacar: no se empeña en conceptos abstrusos, sino que se expresa con una enorme naturalidad.

El tono expresivo es cálido y cercano. Es sanador. El autor nos contagia sus ganas de vivir desde la quietud y el amor.

Los muchos cientos de miles, millones en realidad, de lectores del maestro espiritual Eckhart Tolle podrían interesarse por este volumen para aprender de un salto de lo teórico a lo práctico con relación a sus enseñanzas.

Badiâa Iazza
Editor en Universo de Letras

Introducción

Cuando nuestra atención se enfoca en el momento presente, la paz que encontramos se integra en todas nuestras acciones. Este libro está escrito desde ese lugar y es una bendición haberme afianzado en él después de tantas subidas y bajadas.

Hubo antes un primer libro en el que la paz no pudo mantenerse en aquella escritura. Tan solo estuvo publicado unos días y casi me tragó la tierra. El revoltijo de emociones que viví durante aquellos días me llevó a cancelar su publicación.

Fui remontándome poco a poco y, al ver que salía adelante, me puse a escribir de una manera diferente. Era febrero de 2022 cuando cerraba la puerta de un libro para abrir una puerta a otro. Sabía que en el fondo del dolor había algo bueno que podía compartir.

Eso fue lo que despertó mi entusiasmo y en ese estado no hay lugar para el ego que surge tan fácil cuando estamos heridos. Muchas cosas se pueden omitir y otras se pueden contar de un modo muy distinto si impedimos que el dolor nos atrape y enturbie nuestras palabras.

Las palabras de este libro han podido entrar en muchas situaciones adversas sin caer en el dolor y así se puede aprender y compartir la parte buena que nos encontramos en los caminos difíciles. Yo tuve la suerte de tener cerca enseñanzas muy valiosas y eso es lo que me gustaría hacer llegar a través de mis experiencias. Confío en que pueda aportar algo positivo que haga ver que siempre es posible salir adelante.

Febrero de 2022

Contar lo que hemos vivido en el pasado puede llevarnos a él y nos podemos dejar atrapar por viejas emociones, quizás no del todo, pero sí en gran parte. Algo de eso me ocurrió al escribir esta historia por primera vez. En mi vida todo se había puesto muy cuesta arriba y fue demasiado tiempo viviendo de esa forma.

Ahora puedo describir lo que ocurrió sin tantos detalles. El ego se va disolviendo y eso es muy sano para la salud. Lo más inteligente y saludable que podemos hacer es aprender de las situaciones complicadas sin caer en el dolor.

Todo comenzó en mayo de 2015 cuando dejé mi puesto de trabajo. Aquello fue un descalabro total. No por el hecho de dejar un buen trabajo, sino por la postura que adoptaron algunos familiares. Ya habíamos tenido varios conflictos y el dejar mi trabajo supuso un caos en la relación familiar que iría aumentando hasta lo que nunca hubiera imaginado.

Los motivos que me llevaron a tomar esa decisión fueron varios y podían ser acertados o no, pero, en cualquier caso, era lo que yo sentía que debía hacer. Esto no lo entendieron y todo se hizo demasiado complejo.

Era una decisión que solo me comprometía a mí, ya que yo no tenía a nadie a mi cargo, pero, en mi entorno familiar, esa determinación mía unida a algunas depresiones que tuve en el pasado, fue motivo de comentarios difíciles de encajar. Todo ello unido a la distancia que me marcaron fue demasiado y mi alma no supo digerirlo.

No hace falta explicar lo que una actitud de este tipo puede suponer primero en carne propia y, segundo, en la repercusión que eso tiene en el entorno más cercano. Vivir de esa manera me resultaba más que complicado en aquellos primeros momentos y, tras unos meses de vivencias muy difíciles que he preferido omitir, saqué fuerzas para moverme fuera en aquel 2015 tan decisivo en mi vida. Volví a ir a La Habana, donde había vivido experiencias inolvidables.

En mi vida muchas cosas estaban cambiando. Lo que tenía sentido para mí era muy diferente a ese estado cómodo que tanto se valora en la sociedad. Ese en el que tienes un buen trabajo, dinero, un piso y un largo etcétera. Por supuesto que todo eso está muy bien, pero yo notaba que no me servía de nada si no tenía ese contacto real con las personas. Me refiero a esa conexión que va más allá de las apariencias. Eso era lo que realmente me daba vida y parecía que en mi entorno tenían prioridad las apariencias.

Lo más reciente que había vivido en cuanto a conexiones auténticas había sido en Cuba, por eso quise regresar. Allí cada jornada era un día vitamina. Con las personas que me cruzaba y tenía contacto, era mucho más real. Creo que el contacto se daba más fácil porque la gente que pasa dificultades tiene mucho que dar. Las personas pobres en dinero y apariencia pueden ser las más ricas en espíritu, por otro lado, mi forma de ver la vida era tan distinta que lo notaban casi todas las personas nuevas con las que me encontraba.

Fue curioso cómo los dos compañeros de viaje con los que hablé de ir a Cuba por primera vez se dieron cuenta de mi entusiasmo y yo diría que fue por eso y por el buen rollo que se creó por lo que quisieron ir conmigo a La Habana. Nos habíamos conocido en un viaje anterior a Túnez donde también viví algo parecido con el grupo que elegimos aquel viaje organizado. Fue increíble correr con toda esa gente por el desierto, pasear en camellos y ver esas espectaculares puestas de sol.

Hubo alguna tarde que me aparté para estar solo en medio del silencio de ese desierto y pude sentir una paz indescriptible. Esto y otras muchas cosas hacían que me percatara de que en mi vida habían cambiado muchas cosas para bien, lo notaba en todas las relaciones nuevas que iban sucediendo. Recuerdo que era tan evidente ese cambio que hasta las situaciones habituales que surgen muchas veces y son menos agradables se disolvían y acababa apaciguándose todo.

En aquel primer viaje a La Habana disfruté mucho con estos dos amigos, pero, en especial, con la gente que conocía en el día a día. Las buenas vibras eran con casi todas las personas con las que tenía contacto por la calle. Taxistas, camareros, cubanos del día a día y con personal del hotel era con quienes conectaba de verdad. Con los turistas también, pero había más *feeling* con la gente cubana del hotel o que encontraba en la calle.

Había días en los que me apetecía ir solo por el Malecón para terminar viendo la puesta de sol. Recuerdo la belleza de ese lugar, pero, sobre todo, las relaciones que surgían por sí solas. Simplemente, paseaba por ese sitio tan mágico y siempre conectaba con alguien que resultaba agradable. Podían ser chavales que me preguntaban algo y, al crearse buen rollo, continuábamos un rato charlando y riendo tan a gusto. Era curioso cómo, a pesar de la pobreza en la que viven, podía ver en sus ojos tanta riqueza. Cuando me acercaba a los pescadores, era también otra conexión real con ellos. Algunos fueron muy nobles y atentos conmigo. Yo sentía curiosidad y a ellos les gustaba que les preguntara lo que se me ocurriera. Fueron instantes tan llenos de vida que por eso se han hecho inolvidables para mí.

También había algunas personas que no tenían buenas intenciones, pero no me suponía problema separarme de ellas. Nunca lo hice enfadado y me daba cuenta de que ellas tampoco. En sus caras yo veía siempre la parte buena y entonces algo les hacía cambiar de idea. En lugar de intentar timarme o lo que fuera, muchas veces acababan hablando conmigo de esa forma en la que todo vibra bien. Esto me hacía ir solo a cualquier sitio sin ningún miedo. En el fondo, todas las personas son buenas. Cada una tiene un camino y no siempre es fácil. Por eso considero que deberíamos ser más comprensivos con todo el mundo.

Lo que me hizo volver a La Habana fue esa experiencia tan positiva que había vivido y que fue poco antes del caos que supuso salir de mi trabajo. Era en octubre de ese cambiante 2015 cuando cogía de nuevo el avión. Tenía contacto con algunos habaneros que había conocido en mi primera visita y en el aeropuerto me esperaba una mujer con su hijo que conducía un viejo coche de esos que dan más color a La Habana.

El ser recibido en el aeropuerto con cariño hizo que me sintiera más acogido. Me dieron alojamiento en un barrio de casas pobres. Todo estaba perfecto para lo que yo necesitaba, pero la herida que llevaba dentro no desaparecía. Aun así, lo intenté. Me movía por la ciudad y conocí a más gente, pero ya nada era igual. En lo que se había convertido mi relación familiar mantenía esa herida continuamente abierta. No podía disfrutar de un lugar lleno de encanto porque estaba roto por dentro y nada me curaba la herida. Tras varios días pateando por las calles de La Habana, comprendí que estaba más que roto por dentro. No había modo de vivir en ninguna parte.

Tras ese intento retorné a mi casa, primeramente, al aeropuerto de barajas y ya en Madrid cogí el tren para San Sebastián. Puedo contar mis desplazamientos omitiendo los detalles y, aunque no pueda sonreír, al menos, no me dejo arrastrar por la negatividad que aparece si hacemos caso a nuestros pensamientos cuando se enturbian en emociones dolorosas. Se puede omitir todo eso porque solo lleva al sufrimiento y, aun habiendo cosas difíciles en esta vida, podemos dejarlas pasar y sentir paz.

Entrados en el 2016, intentaba rehacer la vida en mi ciudad. No contaba con nadie para ello y tampoco tenía una rutina diaria. Tiempo atrás era muy diferente. Siempre viví de una manera organizada. Llegué a estar casado y aunque me divorcié antes de los treinta, volví a vivir en pareja en diferentes etapas de mi vida. El año anterior a mi salida del trabajo, no tenía una pareja estable pero sí que tenía espacios donde me relacionaba. Después de mi jornada laboral, podía elegir entre un paseo en piragua o un partido de pádel en el club de tenis. También podía compartir momentos con alguna amiga o tomar unas cervezas en el barrio de Aiete, donde vivía. Visto desde fuera, mi vida podía parecer envidiable, pero yo lo veía como una especie de paripé. Yo lo percibía como una película en la que cada uno tenía un papel. Por muy bonito que fuera todo, nada era real. Sí que había algunas personas que merecían la pena, pero en la balanza no me compensaba vivir esa vida.

Había estado trabajando desde los veintiún años como delineante. Desde entonces, no dejé de hacerlo y, de repente, me encontraba sin nada que hacer con cuarenta y ocho años. No me cabe duda de que fue una decisión muy arriesgada, pero todo habría sido muy distinto si en mi familia me hubieran aceptado por absurdo que les pareciera lo que hice.

Todo se hacía complicado de esa manera, pero yo trataba de buscar algo que me diera un mínimo de estabilidad y encontré una actividad con la que había estado bastante activo tiempo atrás. Se trataba de una marca de camisetas. Ese año terminé volcado con la marca y entre diseños, exposiciones y el estar en contacto con el taller de serigrafía, me mantenía ocupado y disfrutaba, algo muy sano cuando estamos solos mucho tiempo. También descubrí una actividad como voluntario de dependiente en una tienda y eso me aportaba mucho. En todos los voluntariados siempre he tenido la sensación de recibir mucho más de lo que doy.

El 2016 fue un año en el que empezaba a resituarme, pero al poco de empezar el 2017 ocurrió algo que me iba a dejar tan vendido e indefenso que acabaría volviendo imposibles todos mis intentos por hacer una vida normal. Tuve un grave accidente de moto. Si esto siempre puede resultar un descoloque, en mi caso, lo era aún más.

Ese accidente no solo me partió la meseta tibial y un puñado de costillas que apenas dejaban pasar el aire por mis pulmones. Lo que ese accidente supondría iba a ir más allá de la gravedad de esas fracturas. Para mi familia, yo todo lo estaba haciendo mal y hasta el ser arrollado por un coche cuando avanzaba correctamente por mi carril les mantenía en esa postura tan radical.

Seguían viéndome como una persona que cometía errores. Era como que no podían ver otra cosa porque, en realidad, me habían cosificado y, de esa manera, desaparecen los sentimientos de amor. Esta es la única explicación que he encontrado. Yo cometí errores, aunque nunca me parecieron como para mantener el cerrojo emocional que han echado conmigo. Eso era más doloroso que lo que sentía en la pierna y en el pecho. Era peor que no poder respirar.

En el hospital viví situaciones extremas que me desbordaron y dejaron muchas más heridas en mi alma que en mis huesos. Pasé nueve días y deseaba morirme todas las noches antes de vivir aquello. Puedo decir que, por duro o fuerte que pueda parecer, todo esto lo estoy contando desde la calma.

Todos sabemos que lo mejor que podemos hacer es olvidar las cosas feas y vivir disfrutando de lo bueno que nos ofrece la vida, pero también que no siempre es posible. Lo que sí es posible es aprender a llevarlo de una manera diferente.

A mí me ha costado mucho y ahora puedo decir que en las ocasiones en las que somos incapaces de sonreír, sí podemos al menos mantenernos en paz si evitamos que nos atrapen las emociones que se generan por experiencias pasadas o por circunstancias que se puedan dar en el presente. Esto ya es algo muy valioso. Si conservamos la tranquilidad, estamos en contacto con el cuerpo y, de esa manera, nuestra salud estará siempre a salvo, pues la presencia es la mejor medicina para todo en la vida. Entiendo que no siempre es fácil, para mí tampoco lo es.

Tras salir del hospital, no tenía posibilidad física de acceder a mi vivienda. Me había mudado recientemente a una casa vieja con demasiadas escaleras, así que la única opción que me quedaba era alojarme en la casa de mi hermano y su mujer, pero apenas estuve un mes allí, pues no era posible la convivencia o, al menos, yo no podía vivir así. Me alojé en un hotel y lo pasé muy mal. Los días se me hicieron eternos. Me movía muy despacio con muletas y solo lo hacía para desayunar, comer y cenar. El resto del tiempo me sentía horrible, dado que mi vida había quedado expuesta de ese modo.

Cuando inicié la rehabilitación, empezaba a moverme y conseguía llegar a algunos de los bancos que había cerca del hotel. Tardaba unos diez minutos en avanzar veinte metros. Lo que hacía tan dura esa escena no era el estar lesionado y con muletas, lo que yo vivía en esos momentos era un dolor en el alma que se derrama en lágrimas cuando lograba volver a la habitación del hotel. Así viví aquella estancia y todas las gestiones que tenía que tratar me suponían un desgaste añadido que gestioné como pude.

Dejé el hotel a los dos meses, que fue cuando el médico me permitió apoyar la pierna, aunque todavía seguiría con las muletas bastante tiempo. Mi casa no tenía un ascensor y eso no beneficiaba nada la recuperación. Estuve así unos tres meses subiendo y bajando todas aquellas escaleras que había también antes de llegar al portal. Solo lo hacía por las mañanas para bajar y montar en un taxi que me llevaba al centro de rehabilitación.

Tras varias conversaciones con el fisioterapeuta y ver no solo que se estaba perjudicando la pierna sino lo que suponía para mí andar así, decidí alquilar un apartamento con ascensor en el centro de la ciudad. Desde allí podía ir andando por llano con las muletas a realizar la rehabilitación.

En aquel apartamento estaba mucho mejor y eso era un avance, aunque seguía viviendo un aislamiento extremo que se estaba prolongado demasiado tiempo.

El vivir de esa manera me hacía pensar en cómo me veía la gente, tanto la que me conocía como la que no. Cada día era un esfuerzo por salir adelante. En medio de todo eso surgió algo que me iba a causar problemas más serios. Se trataba de la Policía. Me veían todos los días solo y me parecía que para ellos era algo raro el que no tuviera a nadie estando así. Quizás era una sensación sólo mía.

Pasé casi un año en aquel apartamento. Demasiado tiempo para vivir de aquella forma. Apenas tenía contacto por teléfono y contadas veces lo tuve en presencia. No podía hacer muchas cosas que requería y, en algunas ocasiones, era un espectáculo verme, pero he conseguido que la tristeza no se apodere de mí al recordarlo.

Cuando el médico me retiró las muletas, continué unos días con la rehabilitación y, al no tener una rutina, andaba por la calle tratando de hacer una vida normal, pero se me ponía todo cuesta arriba al sentirme tan observado por la Policía. Al considerar que no podía tener intimidad en ningún sitio, me presenté por dos veces en la comisaría para explicar que mi situación era difícil, pero que no había ninguna ilegalidad ni nada de lo que tendrían que preocuparse. Entonces me decían que todo estaba bien, sin embargo, ese mismo día me los encontraba por todas partes y en sitios que no eran habituales.

Seguí con la rehabilitación y fortalecía también la pierna con ejercicios en el gimnasio y moviéndome con la bicicleta por todas las esquinas de San Sebastián. Cuando ya estaba prácticamente recuperado, lo primero que hice fue pedir el alta médica. Quería terminar cuanto antes con todo lo relacionado con el accidente. Esto no lo llegó a entender la abogada que me gestionaba este asunto. Tampoco entendió que aceptara la indemnización que me ofreció el seguro ya que ella consideraba que me correspondía mucho más. Le pareció una locura que me conformara con eso, pero para mí todo lo que tenía que ver con el accidente era muy desagradable y ya llevaba demasiado tiempo con las revisiones y con esa presión del inspector médico de la compañía de seguros. Yo quería que me dejaran en paz cuanto antes. Ya con el alta médica, decidí dejar ese alquiler y moverme lejos de mi ciudad. Necesitaba salir de todo lo que estaba viviendo y pensé que podría intentarlo en otro sitio.

En cuanto a la vivienda que tenía en propiedad, opté por venderla. Era una casa muy vieja y el poco tiempo que viví en ella me traía recuerdos muy duros, así que invertí el dinero en una nueva casa que estaban construyendo en Oiartzun; un pueblo muy bonito que se extiende en la naturaleza y está a tan solo quince minutos de la ciudad. Las viviendas tardaban cerca de tres años en terminarlas y eso me daba margen para airearme fuera e intentar recomponerme de todo lo que estaba viviendo. En el caso de encontrar una nueva forma de vida en otra zona, una vivienda siempre es una buena inversión.

En un principio, lo intenté por la costa del Mediterráneo. Había estado varias veces y era un sitio que me daba buena energía. La primera vez fue en Benidorm de viaje de fin de estudios, entonces tenía veinte años. Me dejó buen sabor y eso me ha hecho regresar más de una vez. Siempre ha tenido un encanto para mí. El sol da mucha vida y yo necesitaba un poco de vida.

A medida que avanzaba con el coche, notaba una especie de libertad. Era un cambio de aires que me hacía creer que iba a tener mi intimidad. Estuve un tiempo en Alicante y alrededores y, desde un principio, viví la sensación de ser observado por la Policía. Estaba tan agobiado que pensaba que les habían avisado sabe Dios de qué. Me angustiaba tanto que tomaba ansiolíticos para llevarlo mejor. Es cierto que, tomando esas pastillas, las preocupaciones tienen menos fuerza, pero te quitan la vitalidad. También te desinhiben y se pierde la presencia. Ese es el precio que hay que pagar... Una forma de tapar la realidad cuando no podemos afrontarla. Entiendo que haya veces en las que pueda ser necesario de manera puntual, aunque, en mi caso, se estaba prolongando demasiado esa situación.

Aun así, lo intenté y pude disfrutar de algunos momentos. Conocí a gente muy agradable y me puse a mirar pisos de alquiler para vivir un tiempo por aquella zona, pero la circunstancia cada vez se complicaba más. No quería creer que tenía algo que ver conmigo esa presencia policial cuando salía a la calle o cuando me desplazaba con el coche. Lo intenté día tras día hasta que vi que me agobiaba tanto que no había modo de permanecer allí. Finalmente, me volví hacia el norte. No puedo escribir que regresé a mi casa porque ya no la tenía. Era una sensación nueva y extraña que me hacía sentir algo que nunca había experimentado.

En mi vuelta, me alojé unos días en un pueblo de Navarra. Estando allí, se me ocurrió desconectar de todo haciendo el Camino de Santiago. Ya lo conocía, puesto que lo había hecho con anterioridad. El Camino era una alternativa a mi situación, así que me fui otra vez a ese comienzo desde Roncesvalles.

En el Camino, la media de recorrido diario haciéndolo a pie suelen ser unos treinta kilómetros y se suele emplear un mes aproximadamente en concluirlo. Se sale cada mañana temprano y se disfruta de la compañía, del paisaje y de todo lo que va sucediendo por el trayecto. A las noches se disfruta de otro rato agradable con los peregrinos que coinciden en el mismo albergue. A veces, se tiene la suerte de que alguien toca la guitarra y se comparten instantes inolvidables alrededor de un fuego o en una habitación compartida. Es una bonita experiencia.

En esa nueva ocasión, hacía etapas más cortas y, sin embargo, eran muchos kilómetros diarios para una pierna que se empezaba a resentir, así que tuve que dejarlo cuando llevaba once días. Me quedo con las buenas compañías que tuve en ese recorrido y quizás algún día lo retome donde lo dejé.

Al dejar el Camino de Santiago, se repetía esa sensación de no tener un lugar al que volver. Esta vez, esa sensación aumentó. Era muy duro sentir el cuerpo tan cansado y verme los pies llenos de ampollas. No tenía ni una casa ni una familia. Todas mis pertenencias las guardaba en un trastero y no contaba ni con una habitación donde retornar a dormir. Era 2018 cuando comenzaba una vida sin hogar.

Mi día a día se convirtió en buscar alojamiento para dormir en hoteles y pensiones de mi provincia. Pasaba los días en bibliotecas, en transportes urbanos, en bancos de la calle. Era como un vagabundo, pero con tarjeta de crédito. Eso era lo que me diferenciaba, aunque, como escribí en aquel libro olvidado, los vagabundos me daban envidia. Dentro de la pobreza que podían vivir, consideraba que mi vida era todavía más pobre que la de ellos.

No tuve fuerzas para aceptar todo lo que estaba ocurriendo en mi vida. Sabía que viviendo en el presente se podía vivir en paz, pero me resultaba imposible mantenerme presente. Mi vida se había convertido en un escaparte muy desolador, pues mucha gente podía ver desde fuera las heridas que llevaba por dentro. Era como un río que se iba desbordando inevitablemente.

Fueron seis meses desbordantes durante los cuales yo procuraba encauzar mi vida una y otra vez, algo muy difícil en esas condiciones. Solo el lavar la ropa en esas máquinas automáticas que hay en la calle y luego ponerla a secar en los hoteles es un ejemplo de cómo vivía. Luego estaban esos días cuando me acercaba a los almacenes en donde tenía alquilado un trastero. Algunos días necesitaba coger algo y siempre me resultaba embarazoso. La mujer encargada de esos trasteros me veía muchas veces y se daba cuenta de que yo lo pasaba mal ya que lo usaba como un armario, algo que evidenciaba muy claramente mi forma de vida.

Pensé en intentarlo en Málaga, donde se había instalado uno de mis compañeros de viaje. Estuve una semana en su casa y me despejé un poco, pero yo seguía muy agobiado y no me apetecía continuar allí sabiendo que su hija iba a pasar también unos días con su padre. Me parecía que les iba a estorbar, así que me despedí y volví para San Sebastián. El regreso lo hice parando por distintas provincias buscando una donde poder vivir tranquilo, pero cada vez la angustia era mayor. No sabía dónde alojarme y, al no tener un hogar al que volver, se repetía esa sensación tan extraña, así que pensé en retornar al último hotel donde había estado en San Sebastián. Al menos conocía un poco a los que trabajaban en él.

En ese hotel, me percaté de que mi vida estaba completamente rota. Me había apartado de las viejas relaciones y no tuve tiempo de que las nuevas se hicieran sólidas. No tenía a nadie y ya no podía soportarlo más. Quise acabar con mi vida, pero el miedo me impidió hacerlo. Esto sucedía en el verano del 2018.

El hotel, ubicado en la falda del monte Ulía, era sencillo, pero estaba bien y a poca distancia de la playa de la Zurriola. Apenas iba a la playa algún día a pasear. Me sentía mejor cuando subía a lugares altos desde donde podía contemplar la ciudad. Me notaba algo mejor, aunque, en el fondo, estaba roto y las lágrimas recorrían mi rostro muy a menudo hasta que pensé en acabar con todo. Una tarde, en la habitación del hotel, cogí un puñado de pastillas como si de un paquete de palomitas se tratara y me las tragué. Mis lágrimas aumentaban mientras lo hacía. Cogí otro puñado y mis manos temblaban, temblaba todo mi cuerpo. Aparte de lágrimas, el llanto amargo surgió desde lo más profundo de mi ser. Era como si me estuviera rasgando por dentro. Fui incapaz de continuar allí aguardando a ver qué pasaba.

Salí de la habitación y me socorrieron. Enseguida vino una ambulancia. Me llevaron al hospital y me hicieron un lavado de estómago y algunas preguntas. Primero habló conmigo una mujer muy amable. Después vinieron dos profesionales, supongo que eran psiquiatras. Me formularon varios interrogantes y se dieron cuenta de que mi cabeza regía bien a pesar de lo que había hecho.

Cuando me daban el alta en el hospital, me vi allí con una ropa vieja que me dejaron y con unos cubre zapatos directamente en los pies. Con esas pintas cogí un taxi para marchar al hotel. Estas situaciones sí que eran como para ser observadas por la Policía.

Mi vida para algunos policías era motivo de risa, algo que me hacía sentir cada vez peor. No había sitio donde ir que no aparecieran, así que ya no era solo mi agobio. Algún día podía ser casualidad, pero no podía ser que siempre. Llegué a hablar con más de un abogado y lo único que me decían era que podía ir al juzgado de guardia y ponerles una denuncia por acoso, pero eso complicó mucho más mi existencia.

Recuerdo un día que fue de los más desbordantes. Me había trasladado a un hotel muy bueno de San Sebastián. El hotel Gudamendi que hay subiendo al Monte Igueldo. Ya no me importaba el dinero y pensaba que allí podría estar tranquilo, pero no fue así. Ese día, tras hablar con la Policía autonómica (Ertzaintza) y ver que no cambiaban las cosas, pensé que la Policía Nacional podría hacer algo y lo que estaba haciendo era meterme en una circunstancia cada vez más complicada. Volví a hablar con la Ertzaina para ver qué pasaba con tanta vigilancia donde me alojaba, pero no me hicieron caso. Ya totalmente desesperado, fui al juzgado de guardia a comunicar tanto lo de ese día como lo de muchos otros. Allí me explicaron que de nada servía comentar todo eso si no habría una denuncia hacia alguien. Terminé poniendo una por acoso a la Ertzaina y a la vigilancia de seguridad que había en el hotel. Se me fue de las manos. Alguien debería haberme frenado porque eso era ir demasiado lejos.

Ese día fui por la calle totalmente abatido por el cansancio y todo lo que había pasado. La Policía ya no tenía ningún cuidado conmigo, más bien lo contrario. Me siguieron por todas partes y yo no me atrevía a levantar la cabeza. Les había denunciado en los juzgados. Eso era demasiado, pero lo que estaba viviendo no sé cómo se puede llamar.

Ya no tenía dónde alojarme y, aunque estaba roto, quise creer que podía seguir adelante. Trataba de buscar una salida y en todas veía que tenía que largarme de allí. Irme a otro país me parecía muy complicado y pensé en las islas Canarias. No perdía nada por intentarlo. Sabía que no tenía garantías, pues, con todo lo que estaba pasando, podrían fácilmente avisar a la Policía de cualquier parte del estado, pero tampoco contaba con muchas opciones. Ese mismo día compré un vuelo para Tenerife que salía al día siguiente desde Bilbao.

Antes de viajar, fueron veinticuatro horas de presencia policial con una tensión que la notaban hasta los pájaros. Era evidente que lo que querían era que yo me diera cuenta de que estaban por mí, algo que no pasaba desapercibido para nadie. En un bar cercano a la agencia de viajes donde hice las reservas, entraron los dos policías que fueron detrás de mí tras aparcar el coche. Todo esto ocurría en la misma calle, la avenida Isabel II. No transcurrió ni un minuto cuando entraron otros dos y aquello era como un ¡te vas a enterar, chaval! También se percató el camarero del bar de que esos uniformados estaban allí por algún motivo. No sé cómo pude soportar aquello.

Reservé en Tenerife solo para una semana pensando que, si las cosas allí eran distintas, podría continuar más tiempo.

Al llegar al aeropuerto de esa bonita isla, quería creer que podría descansar y parecía que iba a ser posible al no tenerlos cerca. Desde el aeropuerto hasta el hotel fui en un autobús, recuerdo a la gente que iba con esas ilusiones que se tienen cuando se viaja a un sitio tan bonito. Yo solo deseaba escapar de una situación insoportable y se me arrasaban los ojos al comprender lo que estaba viviendo.

Nada más alojarme en el hotel, observé algunos detalles que me hacían pensar en lo peor. Sería por mi agobio, pero, después de todo lo que acababa de suceder, no era tan extraño que se hubieran puesto en contacto con la Policía de allí. Tras ducharme, aunque apenas tenía hambre, bajé a comer a una pizzería que estaba allí cerca. Pude sonreír al camarero que me atendió y todo iba bien. Me senté en las mesas de la terraza exterior y, antes de que me trajeran la *pizza*, ya empezó a pasar Policía por allí. Todo estaba en calma, pero, en menos de quince minutos, cruzaron por delante de mí nacionales y municipales varias veces. Quise pensar que no iba conmigo, pero no podía creerlo al ver que me lanzaban algunos vistazos cuando solo estaba tratando de comer una *pizza*.

Pasé una semana muy difícil, pero en algunos momentos conseguí desconectar de todo lo que estaba viviendo y disfrutar de alguna noche y algún que otro día. También pude ligar con una chica italiana muy simpática y agradable. Era algo más joven que yo, pero de mi generación, lo que sirvió para que nos uniéramos aún más en la música de los 90 que sonaba en una terraza de discoteca. Su mirada y su piel suave me hicieron desconectar de todo lo que me agobiaba. Fue maravillosamente increíble.

En el libro olvidado, narraba el tiempo que viví desde mi salida del trabajo en mayo de 2015 hasta el día que me citaba la justicia en septiembre de 2021. Aquel juicio tuvo que aplazarse por no acogerme a la propuesta del fiscal.

Ahora estoy contando parte de esos años de una manera distinta. Siento que estoy haciéndolo sin perder la calma y omitiendo algunos detalles que no supe excluir la primera vez. Lo que no puedo dejar de lado son algunos hechos que sucedieron, pues entonces no se entendería por qué sufrí tanto. En ese sufrimiento encontré algo que tiene mucho valor y eso es lo que quiero compartir en este libro. Ya estoy terminando la historia que narré en aquel texto tan espeso.

Tras seis meses de hospedajes de un lugar a otro, hallé un alquiler en el barrio del Antiguo de San Sebastián. El intentarlo fuera no resultó posible y el seguir hospedándome en hoteles me estaba dejando sin dinero, aparte de que se repetía siempre el mismo problema. El piso que había comprado estaba en los inicios de la construcción, así que di con ese alquiler temporal para vivir.

En un principio, me motivé y me puse a trazar mis planes creyendo que ya tenía un hogar, pero cada vez que salía a la calle me encontraba con el mismo inconveniente fuera donde fuera. Siempre quise creer que no era por mí, pero era evidente que no me iban a dejar en paz y menos después de haberlos denunciado.

Por otro lado, en mi entorno familiar seguían las cosas igual. En octubre de 2018, tras unas conversaciones telefónicas muy negativas, intenté otra vez acabar con mi vida. Todo junto era demasiado.

Conseguí hacerme con pastillas y cervezas como para tumbar a un caballo. Estaba más decidido que nunca a despedirme del mundo y así lo hice mirándome al espejo entre lágrimas. Después de tomar todo eso, me fui a la cama creyendo que nunca más me levantaría, evidentemente, no funcionó. En esa ocasión, no se enteró nadie y pasé unos días muy duros que solo el cielo pudo ver.

Me recompuse a los tres o cuatro días. No recuerdo bien el tiempo que estuve en casa después de esa bomba. Los efectos iniciales fueron brutales y, aunque desaparecieron poco a poco, ya estaba muy pasado, me encontraba hecho polvo. En un principio, al recuperarme, quise cuidarme e intenté salir adelante, pero recuerdo que andaba por la calle asustado y confundido. No tenía a nadie que me diera apoyo. Estaba tan agobiado que pensaba que la Policía me había pinchado el teléfono y que sabían en todo momento dónde estaba y qué hacía. Algo de eso le comenté al médico que me encontré en el ambulatorio del nuevo barrio donde estaba viviendo. La verdad es que el agobio con el que llegué a pedir ayuda era extremo. Esto fue el día 12 de diciembre de 2018. Me diagnosticaron un brote psicótico y me ingresaron en el hospital de salud mental o psiquiátrico de San Sebastián. Aquello fue terrible. Uno de los palos más fuertes de mi vida.

La forma en cómo ingresé fue también algo escalofriante. El miedo llegó a paralizarme, pero no voy a entrar en los detalles. Tampoco en lo que se siente viviendo dieciocho días y otras tantas noches ingresado en un sitio tan caótico.

Algo que me sorprendió fue comprobar que podía llegar a ser tan fuerte en una situación extrema. En medio de ese escenario tan desolador, pude respirar y sentir que seguía siendo yo mismo. Una mañana recordé todo lo que viví y cómo había logrado seguir adelante. Eso me hizo sacar más coraje y noté que mi presencia se hacía más presente. De esa manera, pude levantar la mirada y, en lugar de arrinconarme, aposté por ser yo mismo, algo nada fácil en ese lugar. Doy gracias a Dios o al universo por haberme proporcionado esas fuerzas porque, de no haber sido así, podría haber acabado ingresado y drogado como un enfermo de por vida.

Tuve también la suerte de que apareciera una psiquiatra que sabía mirar de verdad. Fue ella quien se dio cuenta de que yo no debía seguir en ese lugar. No me he olvidado de su nombre ni de la sinceridad que pude apreciar en sus ojos. Tampoco de la expresión natural de su voz. Tuve mucha suerte de que apareciera esta mujer porque hasta ese día aquello fue un infierno.

Al salir de aquel lugar estuve un par de meses más alojado en la casa del barrio del Antiguo y seguido fui al pueblo donde me crie, que está a cinco kilómetros de San Sebastián. Mis padres llevan años viviendo en un pueblecito de Palencia y me dejaron disponible esa casa de Pasajes. Solo tuve que esperar el tiempo que necesitaron los inquilinos para dejarla libre. Allí iba a vivir hasta que tuviera mi nuevo hogar en Oiartzun, que es donde estoy actualmente.

El tiempo que viví en aquella casa de mi niñez fue un año y medio y también lo pasé en soledad. Pasaban los días de 2019 de una forma muy dura, pero parecía que ya me dejaban tranquilo en el asunto de la vigilancia o las coincidencias. Eso me daba espacios para buscar empleo y encontré uno para trabajar como delineante, que era lo que sabía hacer. También me saqué un certificado para trabajar como docente en la Formación Profesional, pero llegaba un punto en el que vivía tanta carencia afectiva que nada me servía para seguir adelante.

Tras poco más de medio año viviendo en el pueblo de Pasajes de esa manera, me dio por beber los fines de semana. Solía quedar con un compañero de *running* que conocí un año antes de dejar mi trabajo cuando trataba de hacer amistades nuevas.

Dábamos una vuelta por San Sebastián, pero yo notaba que necesitaba algo más y, cuando volvía a casa, me sentía como si estuviera solo en el mundo. Entonces cogía el coche y me iba a buscar cariño en los bares de copas. Yo buscaba cariño y allí lo encontraba. Hubo una mujer que se dio cuenta enseguida. Me escuchó y me dio muy buenos consejos. La gente buena siempre aparece donde menos lo esperamos.

El problema fue que bebía de más y una de esas noches se iba a complicar mi vida un poco más. Entré en un *parking* de uno de esos locales y aparqué mal el coche, lo cual motivó una discusión con el vigilante de seguridad. Esto se convirtió en un problema muy serio. Ese hombre no solo me hizo muy difícil el tiempo que estuve en ese *parking*. Tras una discusión y unos momentos muy desagradables, se le ocurrió denunciarme.

Esa noche fue como un mazazo. Avisó a la Policía para denunciarme diciendo que intenté atropellarle y que le causé una lesión. Me retuvo allí para denunciarme ante la Policía. Primeramente, llegaron dos coches patrulla de la Ertzaintza y, seguido, una furgoneta de la Policía municipal para hacerme la prueba de alcoholemia. Esto supuso la retirada del carnet de conducir durante ocho meses y una sanción económica. Pero lo más serio era la denuncia que me había puesto aquel vigilante. Estuvo enseñando y comentando el video de seguridad y aseguró a la Policía que le había intentado atropellar con el coche entrando a gran velocidad. Fue un grave error conducir habiendo consumido alcohol. Esto es algo de lo que sí me arrepiento, pero yo nunca intenté atropellar a nadie ni causé ninguna lesión.

Vinieron días muy oscuros con todo esto. Mis planes de trabajo se venían abajo con esa acusación tan seria pendiente de un juicio y sin carnet de conducir. Aunque pude hacer las prácticas como profesor, ya no sentía esa alegría que deseaba transmitir. Quería mirar a esos chavales con todo mi cariño, pero recordar de lo que me habían acusado hacía que me sintiera algo que nunca he sido. La sonrisa desaparecía en cualquier instante, aunque conseguía que no se percataran pasando de un tema a otro. Lo mismo me pasaba cuando hablaba con otros profesores. Me sentía como un delincuente que ocultaba su delito. Algunos días conseguía olvidar y disfrutar de una experiencia nueva para mí, pero, al concluir esas prácticas, seguía sintiendo que ocultaba algo. Los profesores fueron muy agradables conmigo, aun así, no quise dejar mi currículum sin saber lo que podía pasar con la justicia.

Me costaba centrarme en el presente. Con todo lo que había vivido, eso ya estaba de sobra. Consideraba que ya había experimentado más dolor de la cuenta como para encontrarme acusado por algo que nunca sucedió. No sabía a qué agarrarme y lo único que me quedaba eran los cursos que hacía tanto a distancia como presenciales.

Me desapunté de un voluntariado en un centro de adicciones. No me sentía nada bien como para empezar de voluntario en un lugar como ese. Estuve a punto de borrarme de todo, pero saqué fuerzas para continuar con los cursos.

Entre esos cursos había uno que iba a iniciar como instructor de *mindfulness* en Baraka. Es un Instituto de Psicología Integral que hay en San Sebastián, que está muy bien para las prácticas de *mindfulness*, yoga y otras actividades donde, a la vez de todo eso, realizan diferentes formaciones. Ese año entrabamos en contacto con la COVID-19 y, al siguiente, me hice voluntario en Cruz Roja repartiendo comida. Fue muy sano para mí, pues ver que era útil para algunas personas me daba mucha vida.

El 2020 iba pasando y yo trataba de hacer algo que cambiara mi situación. Seguía en la casa donde me crie y todo eran recuerdos y momentos en los que me sentía tan solo que me parecía increíble lo que estaba viviendo. Sí que la pandemia había cambiado la vida a todo el mundo, pero, para mí, resultaba todavía más extraño.

La gente añoraba los abrazos, pero, al menos, se comunicaban por otras muchas vías, algo que a mí se me había negado, limitado o sabe Dios qué.

Mi aislamiento era mucho más severo y ya llevaba más de cuatro años para cuando comenzó la pandemia. A veces, oía en las noticias que la pandemia en algunas familias creaba problemas y en otras las estaba uniendo más, pero, en mi caso, no varió nada.

Me refugiaba mucho en los cursos que hacía, todos relacionados con la psicología. Se me daban bien y recibía muy buen *feedback* de los profesores. Eso era una motivación y cogí cariño a esos cursos. Entre estos, había también un posgrado en la Universidad del País Vasco para trabajar con las víctimas de experiencias traumáticas. Con el paso de los días, fui cogiendo fuerzas y, al recibir mi carnet de conducir, me apunté de nuevo como voluntario en el centro de adicciones donde pude impartir sesiones de *mindfulness* durante un año. Siempre me parecía que el que más recibía era yo y estuve disfrutando de ello todo ese tiempo. Ni los periodos de mascarilla evitaron que me reuniera con ese grupo tan auténtico. Era algo tan especial que no falté ni una sola jornada a mi cita semanal. Entre estudios y voluntariados, me motivaba.

Por otro lado, algo importante también sucedía en paralelo. Mi nueva casa la habían terminado y me entregaron las llaves en ese verano de 2020. Eso era muy deseado o necesitado. El contar con mi propia casa... Siempre la tuve y había estado mucho tiempo deambulando sin un hogar establecido.

Fui avanzando poco a poco y, en el otoño de ese 2020, concluí el curso de instructor de *mindfulness* con un retiro en un pueblo de Vitoria. Yo lo viví con mucha intensidad y fue una gozada recibir la acreditación de instructor de *mindfulness* en aquel pueblo tan tranquilo. Todos los compañeros dimos unas palabras y en mi turno me sentí super cómodo expresando lo que había sido ese año de prácticas. Estuvo genial. Aunque vivía mucha miseria, también tenía la capacidad para desconectar de todo eso y disfrutar del presente. El *mindfulness* es atención plena o, dicho de otra manera, conectar con la esencia del ahora. Para mí, siempre ha sido eso. Respirar, sentir el cuerpo y ser consciente de lo maravillosa que es la vida cuando todos estamos en calma.

Como ya he dicho, la historia que narré en aquel libro olvidado acababa en septiembre de 2021 en los juzgados, pero fue lo que ocurrió en mayo de ese mismo año lo que me puso a escribir.

De alguna forma, había logrado olvidar y me había remontado con mis estudios y mis ganas por vivir en paz, pero el volver a pasar por lo de siempre después de tanto tiempo y sin apenas contacto era demasiado. No podía soportarlo más y después de unos días extraños me dio por escribir. Fueron alrededor de cinco meses muy intensos los que empleé en aquella escritura. Durante ese tiempo, el poco contacto familiar que tenía era más de lo mismo, lo que provocaba que aquel libro se hiciera aburrido, enfermizo e interminable.

Con eso considero que se puede entender más fácil que cancelara aquel libro y no quisiera leerlo ni yo mismo. Tal vez me liberaba al escribirlo, pero no fue nada bueno publicarlo.

Julio de 2022

El objetivo de este libro es transmitir algo de lo que he aprendido a través de mi experiencia. Para evitar caer en el ego, he querido dar un espacio y comprobar que escribo sin esa necesidad que puede producir el susodicho. Han pasado más de dos meses desde el párrafo anterior y ni siquiera me acordaba de que había empezado a escribir un libro. Cada día estoy viviendo en mayor conexión con la vida.

La libertad que nos han dado al cesar las restricciones por la pandemia nos ha venido bien a todos para coger un poco de aire fresco.

Yo he hecho un poco de todo y lo que más he llevado a cabo ha sido vivir el momento. Estoy disfrutando de la vida tal cual es. Es una sensación muy agradable que me hace vivir más intensamente. Esto lo notaba también cuando comencé a escribir este libro. Al leer lo que llevo hasta ahora, mis sensaciones no tienen nada que ver con las del libro anterior. Aunque he relatado situaciones extremas, siento que mantengo la presencia en cada línea que escribo y eso me hace seguir con la misma calma con la que empecé.

Está claro que no es fácil contar el pasado y estar presente al mismo tiempo, pero ha sido posible. Hay que recordar, pero se puede hacer si conseguimos que no nos atrapen las emociones.

Al entrar en los dramas, los alimentamos. Eso no ha pasado esta vez. Cuando estamos presentes, el drama no tiene ningún espacio, por ello siento que ahora puedo compartir lo que he aprendido de todo esto.

He aprendido a vivir de una manera mucho más sana y, aun así, surgen situaciones en las que aparece la tristeza. Esta puede presentarse en cualquier momento, pero ya no me atrapa como antes. Sé que, si me dejo llevar por los pensamientos, se presentan las emociones y eso nos puede llevar a reaccionar movidos por el dolor o puede provocar ansiedad, miedos...

Si nos mantenemos presentes, no caemos en lo de siempre. El sufrimiento me ha enseñado muchas cosas y tuve la suerte de tener cerca las enseñanzas de un maestro espiritual para entenderlas. Es curioso que yo nunca busqué respuestas en la espiritualidad. Digamos que no he buscado nunca nada de eso.

Mi acercamiento al mensaje de este maestro espiritual fue hace tiempo y ha ido aumentando gradualmente. Siempre he recurrido a él para aliviar el sufrimiento. Ha costado mucho que esas enseñanzas se consoliden para mantener así periodos más largos de presencia, lo cual significa más salud entre otras muchas cosas. El maestro espiritual del que estoy hablando se llama Eckhart Tolle y sus enseñanzas no solo han funcionado conmigo, sino que está siendo provechoso para millones de personas por todo el mundo. Eso es lo que quiero compartir aquí, pues no hubiera aprendido nada sin su ayuda.

Si me acerqué también al *mindfulness* fue porque hablaban de algo que ya había experimentado y comprendido gracias a Eckhart. Mucho tiempo antes de todo lo que estoy narrando, había vivido una experiencia que estaba directamente relacionada con vivir el momento presente con intensidad. Siendo muy joven, tuve algunas depresiones y pasé temporadas extrañas, sobre todo, cuando me dieron aquellos antidepresivos. Era cierto que algo no iba bien, sin embargo, nunca me pareció una buena solución tomar esas pastillas.

De niño en la escuela, siempre fui más lento que el resto de los compañeros. No era tan espabilado como los demás. Para mí, eso no era problema, pero sí lo era el no tener la soltura que poseían otros. Quizás eso fue lo que arrastré, una inseguridad que se hizo más difícil en la adolescencia. Recuerdo que me ponía colorado y no sabía de qué hablar cuando veía que todo el mundo lo hacía sin parar. Siempre tenían cosas que decir.

Ahora veo que, cuando se habla mucho, se dicen también muchas cosas sin sentido y me doy cuenta de la cantidad de palabras sin vida que se pueden formular en un minuto a la vez del daño que se puede causar originando chismes.

Por suerte, no siempre es así, dado que hay gente maravillosa que, cuando habla, hasta los animales quieren escuchar. Hay personas que no solo dicen cosas bonitas, sino que el tono en el que las manifiestan y la expresión corporal hacen que todo vibre bien. Eso es lo que más valoro de las personas. Son naturales y sinceras y podemos encontrarlas en el autobús, en una tienda o en cualquier esquina de una ciudad. Esas personas muchas veces no lo saben, pero son las que hacen que el mundo sea un poco más agradable.

Recuerdo que por aquellos años en los que vivía con esa inseguridad me entristecía mucho. Hubo algunos instantes en los que esa tristeza se convertía en sufrimiento y, al sufrir en exceso, ocurría una cosa muy curiosa que no entendía. Tras un periodo de sufrimiento, algo cambiaba y sentía mucha paz. No comprendía que aquello que sucedía era como una especie de liberación de los pensamientos y que, al dejar de pensar, me conectaba más con el presente. Por eso sentía paz. Le encontré sentido a todo esto mucho más adelante, fue por el año 2005 cuando tuve en mis manos por primera vez el famoso libro de Eckhart Tolle: *El poder del ahora*.

Recuerdo que nada más leer la primera página ya pude sentir su esencia. Fue la primera obra de mi vida que leía con tanto entusiasmo, en tan poco tiempo y que he vuelto a repasar más de una vez. Siempre lo tendré a mano en mi pequeña biblioteca. Puedes leer o escuchar a Eckhart mil veces y nunca te aburre. Lo que este hombre transmite no cansa nunca porque sus palabras están vivas y cogen más vigor cuando el cuerpo las entiende.

Esas palabras no solo son la mejor medicina para mí, sino que lo han sido y siguen siéndolo para muchas personas que atraviesan momentos difíciles. Hay cosas que nunca pierden valor y *El poder del ahora* es una de ellas. Es un libro que puede que para algunas personas no tenga sentido, pero que, con el tiempo, lo pueden encontrar, por eso, si lo tienes y no te dice nada, guárdalo. Por lo visto, cuando se viven situaciones duras es cuando se puede entrar en ese mensaje.

El mensaje que da Eckhart transmite el poder que podemos encontrar en cada uno de nosotros cuando estamos presentes. Quizás suena extraño y para mucha gente lo es, pues el modo de vida al que nos hemos acostumbrado se enfoca más en cualquier otro punto que en el presente. Por eso una de las formas de parar un ritmo de vida loco y hacernos conscientes de la vida real se da al ocurrirnos algo fuerte. Ahí tenemos una oportunidad para dejar de estar atrapados por el dolor que llegan a producir los propios pensamientos.

El pasado y el futuro nos absorben y lo único real que tenemos es el ahora. Esa es la mejor medicina para el cuerpo y para todo en la vida. Es algo que he experimentado varias veces, pero que no resulta tan fácil mantener. Bien por inercia propia o por la manera de vida en general, esa sensación tan buena que se vive en el presente se escapa cuando ponemos en marcha la cabeza. Pensamientos constantes. Es así como vivimos.

Mis primeras conexiones con el momento presente de modo intenso las experimenté en aquellas depresiones que tuve siendo más joven. Creo recordar que, cuando empecé a darme cuenta de esa viveza que surge al vivir el momento presente, no había llegado a los treinta. Cuando más intensidad alcanzaron esas sensaciones fue muchos años después, por el 2014, un año antes de mi salida del trabajo. Desde las primeras hasta ese año, hubo periodos intermitentes de conexiones intensas; era porque se sucedían situaciones en las que sufría hasta ser incapaz de soportarlo.

En el 2014, viví tanta negatividad que el sufrimiento no pudo más y, al deshacerse, entró una sensación de paz mucho mayor que otras veces. En esa ocasión, ya sabía muy bien por qué era. El bienestar fue inmenso y comprobé que esa paz la notaban casi todas las personas que estaban cerca. Hubo muchas más cosas que me sorprendieron y todas para bien.

Esa agradable sensación se mantenía hasta que ocurría algo que me hacía sentir mal o cuando aparecían pensamientos por cosas que recordaba. Entonces notaba que esa vitalidad se iba por más que trataba de mantenerla. Ese era el error, pues no se puede vivir el momento presente si tratamos de mantenerlo con pensamientos. En este, las respuestas surgen de otro lugar.

En la actualidad, vivo en mayor presencia o, dicho de otra manera, en mayor conexión con el ahora. Considero que esto no es fácil entenderlo, pero, si se vive, se puede comprender muy bien lo que estoy hablando. Aunque cueste explicarlo, voy a procurar compartir aquí lo que he aprendido del sufrimiento para salir de él.

Según tengo entendido, hay personas que pueden transcender a esa forma de vida y vivir en presencia de un día para otro para no volver a perderla. Deben ser casos extremos con una gran intensidad de sufrimiento. Por lo visto, para la mayoría de las personas que experimentan la viveza de los momentos presentes de modo consciente, se entra en un proceso, y yo lo siento como tantísima gente en este planeta.

Esto nunca me ha gustado contarlo, puesto que hay muchísimas personas que no lo entienden y entonces sacan sus conclusiones poniendo en marcha sus cerebros. Siempre encuentran algo que emborrona lo que no pueden entender porque, buscando definiciones en la mente, solo hallan más definiciones y así nunca lo comprenderán. Si a esa incomprensión de la gente añadimos la cadena de situaciones que he vivido, está claro que pueden volver a cuestionarme, pero ya no tengo miedo a hablar de ello. De todas formas, esto no es nada extraño. Me refiero a ese bienestar que aparece y desaparece sin percatarnos de que esos instantes se dan porque la actividad mental cesa por unos segundos.

El aprendizaje está en darse cuenta para que, en lugar de que los pensamientos se adueñen de nuestra vida, sea nuestro verdadero ser el que toma las riendas, dando así a los pensamientos el espacio que les corresponde.

He vivido muchos sinsabores en la vida y ciertas experiencias me han llevado a entender las cosas de modo distinto al habitual. No soy una de esas personas que han alcanzado indefinidamente ese estado de paz y alegría que da la presencia, pero sí puedo decir que cada vez los periodos de presencia que vivo son más largos; si estás leyendo este libro, te aseguro que todo lo estoy escribiendo en ese estado de presencia. Lo que falta por escribir también lo haré en ese estado o, al menos, procuro estar alerta de no perderme en pensamientos ni emociones.

Algunas personas vivimos circunstancias extremas y eso, a veces, nos lleva a cambiar nuestra vida. Puede resultar complicado de entender para una sociedad que no tiene tiempo de pararse ni a respirar. Cuando vives algo fuerte, es muy probable que te replantees la forma en cómo estás viviendo. Digamos que hay una conexión más real con tus sensaciones y te percatas del juego psicológico en el que todos terminamos participando. Puede que el hecho de ver la vida desde otra perspectiva no sea entendido porque no sigues al rebaño. Esto pasa muchas veces, así que no te sientas mal si te consideran raro o rara.

Por otro lado, vivimos en un mundo en el que se quiere tener todo controlado y a todo se le pone una etiqueta. Eso nos condiciona mucho y, cuando suceden desafíos, en lugar de afrontarlos, se tiende a etiquetar negando la realidad. Es como que la sociedad no permite estar triste a la gente y, en vez de empatizar, se manda a la gente al médico para acabar tomando antidepresivos, algo de lo que se está abusando mucho.

En la mayoría de los casos, los desafíos son oportunidades para aprender y superarse. El tapar esas situaciones con antidepresivos supone dormir a la gente para que continúe haciendo una vida normalizada y bien vista por la sociedad. Dormir a la gente de esa manera es quitarla la chispa, es aplanarla, es anularla.

Tras estudiar en algunos cursos, he encontrado a profesionales de la psiquiatría y de la psicología que me hubiera gustado haberlos tenido cerca en aquellas depresiones que sufrí. Estos han ido más allá de los conceptos. Valga citar a dos de ellos con una frase de cada uno.

«Conozca todas las teorías. Domine todas las técnicas, pero al tocar un alma humana sea apenas otra alma humana».

Carl Jung

«Las personas son tan hermosas como las puestas de sol, si se les permite que lo sean. En realidad, puede que la razón por la que apreciamos verdaderamente una puesta de sol es porque no podemos controlarla».

Carl Rogers

Lo que me atrae de ellos no son sus niveles académicos, sino su visión directa del ser humano. Digamos que hay un modo distinto de vivir que conecta con esa parte que tanto descuidamos en nosotros mismos y en los demás. Es el SER. Es eso que muchas veces pasamos por alto para quedarnos solamente en la superficie. Se puede estudiar y aprender mucho, pero, si nos perdemos en conceptos y teorías, damos de lado a lo más importante.

Las situaciones difíciles aparecen tarde o temprano y, para superarlas, tenemos que mirarlas de frente. Hay algunas que desbordan por ser extremas. En cualquier caso, cada uno vive lo que le toca, pero siempre podemos sacar coraje para experimentar y aprender. Habrá excepciones en las que hay que recurrir a los fármacos, pero, como ya he dicho, me parece que en la mayoría de los casos se podría ayudar sin ellos.

Yo lo he pasado muy mal y el tomar antidepresivos en distintas etapas de mi vida me suponía entrar en un estado en el que quizás no sufría tanto, pero era peor, ya que notaba que no era yo mismo. Era una sensación muy extraña que me impedía conectar de verdad con la gente y me mantenía en ese estado tan artificial. Puede que eso me distanciara también de mi familia. No lo sé, pero las temporadas que los tomé carecieron de sentido para mí.

Estas sensaciones sucedían en mi caso, pero supongo que no será así para todos, así que entiendo que pueda haber casos donde los fármacos sean una opción necesaria. Cuando es así, no pasa nada. Hay situaciones o enfermedades que pueden requerir de esos fármacos durante el tiempo que sea necesario.

En cualquier caso, para mí, la mejor medicina fue conocer a Eckhart Tolle. Su poder transformador es tan sano y natural que la evidencia de sus resultados por todo el mundo está confirmando la verdad y sabiduría que hay en sus palabras.

Lo que transmite Eckhart va más allá de teorías y conceptos. Va a la esencia, que es donde podemos encontrarnos, y lo hace con total transparencia. Nos lleva a ver entre la niebla. Es como esa analogía que usa en *El poder del ahora*, donde nos hace entender que la luz de la linterna para ver en la oscuridad está en nuestro interior y, para saber usar esa linterna, solo hay que vivir en el presente. Ese es el poder del ahora.

Hay una de sus frases entre tantas que puede servir en esas situaciones en las que no podemos hacer nada. Para mí ha sido muy especial.

«La aceptación de lo inaceptable es la mayor fuente de gracia en este mundo».

Eckhart Tolle

Aceptar lo inaceptable ha sido para mí admitir que no podía cambiar una relación familiar de la que me he quedado fuera. Lo intenté mostrándome tal como soy, pero se llegó a un punto en el que era igual lo que hiciera o dijera. Yo sentía la necesidad natural de ser amado por los míos y por eso he sufrido tanto.

Hay circunstancias en las que es muy difícil aplicar la aceptación. En mi caso, es como si tuviera que aceptar que ha muerto toda mi familia y, sin embargo, siguen con vida. Por ello ha resultado tan duro para mí reconocer algo tan extremo, de ahí que podemos ver ciertas actitudes que no pueden entenderse.

Los problemas familiares han existido siempre, pero, cuando se enrocan los egos, resulta todo imposible. El ego requiere defender su postura y que se consolide periódicamente. Cuando el ego no recibe la respuesta que necesita para continuar en el drama o en la razón, se altera todavía más.

Al comprender que las posturas que adopta el ego no tienen nada que ver con lo que hay en el interior de cada ser humano, desaparecen las respuestas reactivas. Nadie hace daño conscientemente. El odio y el rencor son también ego, por eso es bueno perdonar tanto a los demás como a nosotros mismos, pero perdonar de verdad sin la necesidad de pedir ni de que nos pidan perdón. Nos damos cuenta cuando no hay ningún esfuerzo en el perdón. Si nos dejamos llevar por los pensamientos y las emociones, podemos reaccionar enfadándonos, así, no solo no arreglamos nada, sino que se mantiene vivo el drama y el dolor aumenta.

Todas estas experiencias me han quitado mucha fuerza y me ha resultado muy difícil sonreír con el alma tan herida, aunque eso ha sido también lo que me ha enseñado a comprender nuestros comportamientos.

Cuando aceptas y dejas que las cosas sean como son, todo cambia por extraño que pueda parecer. La aceptación es la única salida para estar en paz y, para llegar a una aceptación completa, es necesario estar libre de ego. Yo todavía debo de tener ego, dado que esta situación me sigue generando dolor, aun así, ya no es como antes. El sufrimiento nos puede abatir, pero también traer la mejor enseñanza.

En lo referente a aceptación, he aprendido mucho con Eckhart. Aceptación o rendición. Es parecido o lo mismo. Cuando aceptamos algo, nos rendimos a ello. No tiene nada que ver con resignarse. Esto genera dudas en algunas personas, puesto que siempre se ha dicho que no hay que rendirse, pero, cuando hablamos de aceptación o rendición, no significa abandonar ni tirar la toalla. Lo que estamos haciendo es aceptar lo que no se puede cambiar en lugar de desgastarnos de un modo dañino para nuestra salud y la de nuestro entorno.

Al aceptar, no nos resignamos sin hacer nada, sino que miramos de frente a lo que sea que se nos presente, pero lo hacemos de una forma pacífica. De esa manera, es mucho más probable encontrar soluciones sanas e inteligentes. Si es necesario defenderse, lo haremos, pero sin duda que es distinto. Tampoco se trata de callarse cuando algo no nos gusta o de no expresarse como sea. Se basa en aceptar que lo que es, es. Que ya es, luego no puede ser diferente. Si comprendemos esto, apreciaremos la cantidad de veces que nos hemos complicado la vida innecesariamente.

Hay cosas que no nos han enseñado y cómo nos han enseñado otras se ha enfocado muchas veces en mantenernos en lo que a lo largo de los años se ha considerado necesario para la dignidad humana. La dignidad es muy importante, pero teniendo cuidado de que no se convierta en una imagen para el ego.

Al aplicar presencia y aceptación cuando alguien trata de ofendernos, todo se ve de otra forma y, en lugar de reaccionar con enfado, algo cambia y se vive una sensación de paz. Esto puede que no se entienda, pues, para este mundo, lo normal es enfadarse y no dejar que nadie ensucie nuestra imagen.

No hace falta ir al pasado para ver el daño que unos humanos causan a otros solamente por demostrar su imagen de superioridad o por mantener la de ser el país más fuerte o por lo que sea y al nivel que sea. Esa necesidad es siempre construida por el ego que puede ser individual, colectivo o ambos a la vez. Eso es lo que estamos arrastrando. Si nos diéramos cuenta, todo cambiaría. Es absurdo dar tanta importancia a una imagen; todas acaban en el cementerio. Es lo esencial lo que nunca muere.

He conocido a muchas personas que consideran al ego necesario para ser personas completas y no he conocido a ninguna en presencia directa que se desprenda totalmente de este.

Seguramente, se necesita para que nos percatemos de lo más importante, pero una vez descubierto ya no es necesario. Esto lo he llegado a entender gracias a Eckhart Tolle. Él y quienes lo han transcendido son las personas que pueden dar más claridad a este mundo tan evolucionado, pero a la vez tan perdido y oscuro.

Mi experiencia y el encontrar sentido a algunos comportamientos me ha llevado a detectar al ego haya donde aparece y he podido ver que está tan instaurado mundialmente que ha llegado a convertirse en algo necesario para tener esa imagen de lo que sea, pero que solo es eso, una imagen mental.

Hay grados de ego y hasta la persona que tiene poco cree que no se está bien de la cabeza sin un mínimo de este. Yo no estoy de acuerdo, pues he apreciado la mayor cordura en las personas que no lo tienen. Yo no soy una de ellas. Solo me doy cuenta de ello. Quizás hay veces que lo olvido. Como todo el mundo, yo también he tenido ese ego durante años y no es fácil que desaparezca de un día para otro. Recuerdo de más joven que me podía enfadar mucho y reaccionaba como sabía, no obstante, siempre era empujado por lo que ahora veo claramente que no merece la pena y eso es el ego.

Durante los últimos años, he visto cómo mi ego se ponía en marcha para defenderse de otros que tenía cerca. Una de las cosas que me superaban era saber por experiencia lo bien que se puede vivir en paz, sin necesidad de gritar ni de argumentar esto y lo otro, pero las situaciones me hacían muy difícil no sacar ese ego que quedaba en mí cuando era criticado y cuestionado tantas veces.

Cuando el ego se va disolviendo, podemos encontrar esa paz que tantas veces se menciona y se añora. Si la perdemos es porque nuestra cabeza se llena de pensamientos innecesarios que casi siempre son creados por el ego. Cuando vivimos en paz es porque estamos presentes y ahí el ego no puede entrar. Somos conscientes de nosotros mismos y de lo que nos rodea, eso es vivir en armonía con todo. Podemos hablar o escribir sobre ello, pero solo viviéndolo reconocemos esa paz.

La paz puede darse más fácil en un lugar tranquilo donde solo se escucha el canto de los pájaros y el ruido del agua por el río. También en una isla paradisiaca o dentro de un hotel donde todo está ideal. Eso está muy bien, ya lo creo, pero de poco nos servirá si algo nos preocupa. Cuando las preocupaciones aparecen en nuestra cabeza, es igual el escenario que nos pongan; hay unos que pueden ayudar, pero lo que verdaderamente tiene valor es hallar esa paz cuando las cosas no van tan bien y parece que todo se nos viene abajo.

Vivir en paz es algo sagrado que siempre está a nuestro alcance por muy destrozado que esté nuestro entorno. Hay veces que no es fácil, pero siempre es posible.

Si sentimos paz es muy probable que también alegría. Es algo que detectamos en los demás y no necesitamos pensar en ello. Lo percibimos, aunque estemos tristes, por eso las sonrisas naturales me encantan.

Hay veces que podemos forzarnos a sonreír porque lo precisamos, es comprensible y puede ser necesario, sin embargo, cuando dentro hay paz, la alegría es inmensa y es amor lo que se comparte en ese estado. Eso sí que es un material precioso, que se encuentra en todos nosotros, por eso hay ocasiones que tenemos que transformar nuestras miserias en algo tan brillante como el oro. A esto se le llama alquimia o también, como he escuchado alguna vez a Eckhart, el proceso de transformación de una oruga en mariposa. Es bueno pararse a analizar este proceso natural de las mariposas, pues es asombroso y merece ser observado.

Al escribir sobre aceptación, paz, alegría…, estamos entrando en el amor constantemente. Es una fusión completa en el amor y eso es lo más hermoso que tenemos en nuestro interior. Es ese lugar sagrado al que todos podemos acceder. No podemos encontrarlo fuera si no lo sentimos dentro. Por ello, cuando lo hallamos en nuestro interior, no podemos mirar a nadie con desprecio, ya que sabemos que ese amor está en el interior de todas las criaturas de la Tierra. Cuando comprendemos esto, dejamos de juzgar e interpretar y sentimos algo que no puede describirse.

Todo eso solo puede surgir desde la presencia. Esa es la clave principal. Vivir siempre en el momento presente. Para eso hay que parar la cabeza y sentir el cuerpo. Esa es la presencia de la que nos habla Eckhart. Esa es la presencia que yo también suelo perder, pero que trato de mantener en cada página de este libro tal y como he prometido. Una forma de vida sana no puede darse sin la presencia. Esto solo puede entenderse cuando salimos de los pensamientos. Solo así conectamos con la esencia del ahora, con nuestra esencia y con la esencia de todo lo que nos rodea. No estoy diciendo que dejamos de pensar para siempre, sino que permitimos que tanto nuestros actos como nuestras palabras nazcan en el corazón. El cerebro sigue funcionando, pero lo hace de una forma mucho más sana e inteligente.

Cuando miramos a un semejante, podemos hacerlo desde un manojo de pensamientos que lo emborrona todo o desde la claridad que nace en la presencia. En esa claridad no hay espacio para la negatividad. En la presencia no se dan juicios ni interpretaciones debido a que todo eso son constructos mentales originados por el pasado. En la presencia encontramos lo que nos hace falta a cada instante. De ese modo, todo es natural y la gente lo nota y lo agradece.

Como he dicho anteriormente, mi acercamiento al *mindfulness* fue porque se habla de vivir en el momento presente. El *mindfulness* es algo que se lleva practicando desde hace más de dos mil quinientos años, aunque es en los últimos años cuando se ha puesto tan de moda en Occidente. La práctica del *mindfulness* consiste esencialmente en vivir aquí y ahora sin la oscuridad que producen esos pensamientos que aparecen como nubes. Eso es algo que no solo Buda quiso transmitir, sino todos aquellos seres con los que muchas religiones se han identificado.

En mi cultura he nacido con la religión cristiana y, con el paso de los años, he entendido mejor el mensaje de Jesucristo. Hay gente buena que aporta mucho desde esa religión, pero lo hacen de verdad cuando no están sujetos a creencias mentales, sino que se hallan en conexión con el ser interior. Jesús hablaba desde ese lugar y muchas cosas no las hemos entendido, tampoco nos las han transmitido bien, aunque ese es un tema en el que no veo necesario entrar, dado que lo verdaderamente importante es el mensaje que nos quiso dejar tanto él como otros seres completamente conscientes.

Considero que es muy sano entrar en ese mensaje para profundizar en lo que realmente somos. Si hacemos eso, nos daremos cuenta de que no somos los pensamientos; estos son necesarios cuando hay que resolver algo, pero serán mucho más limpios si el resto del tiempo vivimos por la intuición que nos da la presencia. Podemos pensar y recordar, pero sin identificarnos con los pensamientos. Cuando nos identificamos con ellos, estamos inflando el ego, ese que siempre quiere aplausos, parecer una víctima o la imagen que necesite adoptar.

Hay muchas personas que no pueden reconocer esto. Las que más se molestan dirán que eso no va con ellas, eso quiere decir que son las que más se identifican con la imagen del ego, pues es el ego el que no lo va a reconocer nunca. Por eso es muy importante observarlo en lugar de identificarse. Esto es un proceso, pero, cuando empezamos a descubrirlo, el ego ya no puede campar a sus anchas y terminará disolviéndose en la presencia. Las personas que han vivido ese proceso no se enfadan al escuchar lo que hace el ego, dado que es con ellas con las que verdaderamente no tiene nada que ver.

Reflexionar acerca de esto nos puede servir para comprender muchas cosas y la más sana es que el único lugar para vivir siempre sucede en el momento presente. El futuro y el pasado solo existen en la cabeza y el ego requiere de ambos.

Agosto de 2022

La práctica del *mindfulness* puede ser una ayuda para vivir más presentes. No se trata de ninguna creencia, sino de conectar con el ahora. Para eso podemos practicar de manera formal o informal. La práctica formal es en la que nos ponemos a ello de modo directo y, la informal, la que podemos aplicar en nuestros quehaceres cotidianos.

Hay cosas simples que suceden cada día y que normalmente pasamos por alto. Si les prestamos atención, estamos haciendo *mindfulness*, asimismo, puede llegar un día en el que nos demos cuenta de que no hay que hacer nada para disfrutar del momento presente.

La meditación funciona cuando no buscamos nada concreto. Solo así se puede vivir el ahora. Cada momento aparece sin buscarlo y sin prisas. Solo necesitamos darnos cuenta para volver a vivir de manera natural.

Mi meditación favorita es sentarme cómodamente en la terraza y estar en silencio a la vez que observo mi entorno y siento la brisa en mi cuerpo. Puede pasar algún coche, pasan muy pocos por aquí, y nunca me molestan. En muchas ocasiones solo hay silencio; hay otros días de lluvia y, al escucharla, me doy cuenta que la paz que siento es un regalo del cielo.

Según la época del año, todo coge variados colores y cada día es un espectáculo. Los cantos de los pájaros son diferentes y siempre es una bendición percibirlos. También cambian los olores. A veces, vienen aromas de hierba recién cortada o de humo de la leña de algún caserío. Otras se oyen los ladridos de un perro que quiere también formar parte del espectáculo de la naturaleza o el sonido de una bicicleta que rueda por un camino asfaltado. Está tan bien integrado que parece que forma parte del lugar.

Igualmente, el cielo es un constante cambio en tonalidades que puede estar cubierto de más o menos nubes. Durante el día, puedo ver muchos cielos distintos. Hay atardeceres que podrían llenar las galerías de un museo y dejarían atónito al público. Por las noches, al mirar al cielo, tomo más consciencia del universo en el que vivo a la vez que advierto que todos formamos parte de esa belleza.

Todo junto es una sala de meditación y la podemos encontrar en muchísimos lugares. Solo necesitamos sentir el cuerpo y dejar que los pensamientos pasen como dejamos que crucen las nubes del cielo. Es una de las formas de conectar con la esencia del momento presente.

Es curioso que hace tan solo unos días me notificaron la fecha del juicio pendiente con la justicia y vuelve a ser para el mes de septiembre. El pasado año no llegó a celebrarse al no acogerme a la propuesta de la Fiscalía y me lo recuerdan a través de mi abogada y de las cartas que recibo. No me dejo llevar por las punzadas que sentía al principio. Sigue siendo algo difícil, sin embargo, ahora mantengo la calma y cada día aumenta más claridad y presencia en mi vida.

La primera notificación fue acabando el año 2019 y, desde entonces, me toca de vez en cuando ir al juzgado a recoger esas citaciones en las que se puede leer en letras mayúsculas y en negrita que estoy siendo acusado para una pena de cárcel de tres años y cinco meses por un delito de lesiones con un arma peligrosa —el coche—. Me ha costado aprender a vivir con eso, pero sé que ahora no puedo hacer nada, pues será lo que tenga que ser cuando llegue.

Mientras tanto, voy a continuar escribiendo desde la calma; eso me mantiene en presencia y de esta manera surgen palabras frescas en cada página. Cada día que pasa veo con más claridad que lo más sano para vivir es no planear en exceso, así es más fácil vivir en paz en el ahora.

El no tener un trabajo estable no ayuda, puesto que una actividad diaria siempre es saludable. Digamos que lo ideal es un equilibrio en el que hay una parte en la que nos ocupamos con un trabajo y otra en la que disfrutamos simplemente de respirar sin tener que estar haciendo mil cosas.

Mi profesión como delineante cada vez se ha quedado más atrás y al ritmo que va la tecnología, me estoy desligando de esa profesión. Yo fui de los que aprendió la profesión dibujando a lápiz y, al poco de empezar a trabajar, me tocó ese cambio al diseño asistido por ordenador. Estuve media vida diseñando máquinas en pantallas de ordenador. La informática cada vez avanza más y los programas de dibujo se quedan obsoletos como casi todo en el mundo digital. Al dejar aquel trabajo, me separaba también de la profesión y, aunque volví a trabajar de ello, han pasado años como para regresar de nuevo.

Aquel trabajo terminó cansándome. Era mucho tiempo encerrado en una oficina y delante de esas pantallas. Eso unido a lo que estaba viviendo me llevó a dar ese paso tan decisivo. No sentía cariño por ese trabajo, pero, de alguna manera, noté una pérdida muy importante en mi vida. Cuando estudiaba, sí sentía cariño porque era diferente dibujar a lápiz en esos planos grandes que colocábamos en una mesa con su tecnígrafo donde no faltaban una escuadra y un cartabón. Sacábamos los lápices, el compás y muchos otros artilugios y, cuando ya estaba listo, se pasaba a tinta en papel vegetal. Ese era un momento de satisfacción al ver todo aquello bien representado con las vistas y acotaciones necesarias para ser fabricado.

Recuerdo también que tuve un profesor muy bueno de la vieja escuela que en los exámenes nos hacía echar humo. No dejaba usar ni la calculadora y hasta los senos y cosenos había que buscarlos en tablas. Era un gran tipo que me enseñó mucho y me ofreció aquel trabajo en una potente empresa.

Eran otros tiempos y parece que pertenecen a otra vida. Diseñar de aquella forma tenía un encanto especial. Por eso sí sentía cariño, pero el pasar entre ocho y diez horas diarias delante de esas pantallas de ordenador encerrado en una oficina resultaba algo muy distinto, además de un gran desgaste para mí.

En la actualidad, mis posibilidades de trabajar se reducen a empleos simples. Mientras escribo este libro, sigo buscando un trabajo y recientemente he encontrado uno de repartos con furgoneta. No es lo que buscaba, dado que apenas permite el contacto con la gente debido a la velocidad a la que se trabaja.

Esto casi no deja espacio para respirar. No sé cómo algunos se han adaptado a ese ritmo. Es brutal el modo de conducir y de moverse. En las entregas no hay tiempo ni para saludar. Para mí, es vital mirar a los ojos sin prisa, pero aquí es imposible. Los trabajos en los que hay contacto con la gente, por simples que sean, me parecen estupendos, pero no es fácil dar con algo de eso y menos con cincuenta y cinco años.

Entre tanto, sigo también con los programas que preparo para la práctica de *mindfulness*. En realidad, solo hay que transmitir presencia y eso es común en todos los programas. En mis voluntariados, he comprobado que funciona elaborar maneras de llegar a la presencia y tenemos muchas posibilidades de aplicar esos programas en la vida diaria.

Me parece una buena idea para este libro incluir algunas prácticas de *mindfulness* y que se vayan desarrollando según surjan a lo largo de este.

Hay veces que, cuando estoy limpiando la casa, haciendo alguna compra o cualquier otra actividad, me vienen ideas para aplicar el *mindfulness*. Se me ocurren dos partes que podemos trabajar. Una en la que nos haremos más conscientes utilizando los momentos cotidianos del día a día y otra en la que miraremos de frente las situaciones adversas que pueden ser de mayor o menor intensidad. Comprobaremos lo unidas que están las dos partes a medida que vayamos viviendo la experiencia.

Puede que, al ir desarrollándose el libro, modifiquemos algo el guion, pero tampoco podemos desviarnos mucho si nos mantenemos presentes. Ese es el objetivo. Aumentar la presencia. Puedo decir por mi experiencia que, cuando estamos presentes, todo son mejoras. Las cosas nos salen mejor y, cuando suceden desafíos, estamos más preparados para superarlos y, sobre todo, nos hallamos más conscientes para disfrutar de las cosas buenas que nos ofrece la vida.

Con las prácticas, descubriremos por nosotros mismos que la presencia es la clave principal para vivir de la mejor manera posible las circunstancias de vida que nos puedan tocar. Habrá veces que, por muy presentes que estemos, los obstáculos seguirán apareciendo. Eso parece que no está bien compensado, pero, por lo que sea, es así y mucha gente vive verdaderas tragedias. Lo que me ha tocado vivir a mí no es nada comparado con la que han experimentado otras personas, pero no me gusta comparar. Cada uno tenemos lo que nos toca.

Para empezar con la aplicación del *mindfulness* a las situaciones fuertes, se me ocurre un ejemplo. Digamos que nos diagnostican una enfermedad mortal. Esto, sin duda, limita la vida y con el condicionante de que no hay escapatoria. Aplicar aquí el *mindfulness* no parece tan sencillo y podría resultar insultante para algunas personas. Quizás he empezado muy fuerte, así que antes de entrar en este ejemplo podemos usar otros más sencillos, pero volveremos a él más adelante. No tendría sentido aceptar algo tan fuerte y, sin embargo, no haber podido admitir antes algo tan estúpido como que alguien nos insulte.

Así que vamos a observar primero en cada uno de nosotros cómo nos sentiríamos ante un insulto. Algunos no tenemos que imaginarlo. Está claro que quien insulta no suele reprimirse y no faltan «insultadores» —no sabía que existía esta palabra—. Hay muchas personas que necesitan constantemente meterse con alguien. Siempre es el ego. Les puede bastar con ver una pequeña infracción en la carretera y, si no es así, la buscan. El caso es saltar y culpar a quien sea con desprecios o insultos. Si no nos hemos encontrado con un insultador conduciendo de camino al trabajo o a donde vayamos, solo tenemos que encender la televisión para ver insultos a discreción. De todas formas:

«Quien esté libre de pecado que tire la primera piedra».

Jesús de Nazaret

Considero que todos en algún punto de nuestra vida hemos insultado a alguien, aunque algunos tengan que ir a la infancia para recordarlo.

Vamos a ver cómo podemos iniciar nuestra práctica. Aquí no se trata de tener un bagaje de meditaciones de uno u otro tipo. El hecho de ser un experto en meditación o profesor en cualquier técnica relacionada con el *mindfulness* no quiere decir que ya se está preparado para aceptar y encajar todo lo que nos sucede en el día a día. Se puede ser profesor o alumno durante años y caer en la inconsciencia de reaccionar ante un insulto en lugar de responder en calma o, simplemente, dejar pasar de largo.

Esto de cómo podemos reaccionar ante un insulto es una prueba infalible que nos va a decir siempre el nivel de ego que cargamos cada uno. Estoy mencionando al ego cada dos por tres, pero no sé si expreso bien lo que significa ni con toda la tinta que está consumiendo.

El ego es una necesidad —por no decir una enfermedad— que se ha adherido a los seres humanos. Ya hemos visto que, si una persona se siente ofendida al leer esto, es un indicador claro de que ahí está el ego, que es el que se ofende siempre. Como ya he dicho, liberarse del ego no quiere decir que ya no precisamos aclarar una situación o expresar nuestro descontento si lo vemos conveniente. Podremos seguir manifestando o, incluso, reclamando algo si es preciso, no obstante, habrá una gran diferencia si verdaderamente ese ego ya no tiene tanta fuerza. Lo mismo pasa con nuestros objetivos. Sin ego seguimos teniendo objetivos y nos daremos cuenta de que no nos acompaña si somos capaces de disfrutar tanto en el proceso como al alcanzar los resultados.

Las personas que han trascendido el ego ya no necesitan dar ninguna imagen ni se enfadan, por eso resultan tan agradables. Tampoco siguen dándole vueltas durante días a lo que sea que ha sucedido. No originan chismes. Puede que no les guste nada un insulto, pero no van a reaccionar de forma agresiva porque eso solo lo hace el ego. Cuando este se va, lo que queda es el SER natural y sincero; ese SER está en cada una de las criaturas de la tierra que habitamos.

A nadie creo que le gusta que le insulten. Está claro, pero una cosa es que no nos guste y otra que nos encendamos y reaccionemos poniéndonos a la altura de la inconsciencia de quien nos ha insultado. Esto pude servirnos a todos para reflexionar. Una actitud envuelta en ego muchas veces es muy ridícula; para comprobarlo, basta con observar algunos de nuestros comportamientos cuando surge ese ego.

No siempre es fácil mantener la calma o encontrar la respuesta perfecta porque cada circunstancia es diferente y lo que unas veces se puede arreglar de un modo, en otras ocasiones no servirá. Nadie nos va a dar la solución perfecta para encajar un insulto sin enfadarnos. Lo único que puedo decir es que, cuanta más presencia estemos aplicando a nuestras vidas, más soluciones apropiadas encontraremos.

Quizás, ante un insulto desagradable que nos bloquea, una opción *mindfulness* que nos pueda servir sea respirar conscientemente. Esto significa que prestamos atención a nuestra respiración y así la actividad mental cesa. De esta manera no vamos a reaccionar ni verbal ni físicamente, pues estamos conscientes de la respiración, de lo que está ocurriendo y, sobre todo, estamos en el cuerpo.

De esa manera, las soluciones pacíficas son mucho más probables, pero eso solo es posible cuando sucede, que siempre es el momento presente. Cuando se vive en presencia, no se precisa aplicar ninguna técnica, dado que todo surge de forma natural. Algo importante es darnos cuenta de que las reacciones violentas se dan porque el ego no soporta que lo insulten. Si reflexionamos un poco más, podemos apreciar que ese insulto no tiene nada que ver con nosotros, incluso evitar pasar un mal rato por la imagen que el ego siempre necesita defender. Debemos comprender que el ego es un manojo de pensamientos y nosotros somos mucho más que eso. Lo repito porque es muy importante.

—Una aclaración. Si uso mucho la palabra reflexionar es porque entiendo o, al menos para mí, es muy distinta a pensar. Reflexionando sí se piensa, pero de una forma diferente. Digamos que se medita sobre lo que estamos viviendo, obteniendo así una respuesta más clara. Una forma de hacerlo es escuchando a nuestro cuerpo—.

Ir dejando que se disuelva el ego tampoco quiere decir que se pierda el coraje. Es más probable que veamos cobardía cuando surge el ego que cuando la sinceridad puede verse en los ojos. Hay egos muy grandes que pueden complicar mucho las cosas, pero, si los detectamos a tiempo, no entraremos en su juego; eso requiere de presencia. Por eso es importante estar presente para que el ego propio se vaya disolviendo al ritmo que nos toque a cada uno. La única función del ego es hacernos la vida difícil para que nos hagamos tan presentes que termine disolviéndose él solo. —Gracias otra vez, Eckhart.

Iba a pasar ahora a otro ejemplo sobre vivir en la incertidumbre, pero para esto no tengo que buscar ejemplos, mi propia experiencia puede servir. Cada vez está más cerca mi encuentro con la justicia. En tan solo unas semanas estaré delante de una jueza y la justicia decidirá si soy culpable o inocente. Entonces desaparecerá la incertidumbre y me enfrentaré a lo que se decida, pero será en ese momento. Hasta entonces viviré esa incertidumbre, que es lo que toca en este apartado.

Puedo decir en este mes de agosto que nunca hubiera imaginado que podría vivir con esta calma teniendo pendiente algo tan determinante. Como ya he comentado, esto podría haber concluido el año pasado cuando se me ofrecía la posibilidad de quedar libre de prisión si reconocía que tenía las intenciones que ha interpretado la Fiscalía.

Esto siempre me sorprendió porque llegar a juzgar las intenciones de quien sea me parece algo demasiado atrevido. Es muy fuerte, pero no puedo hacer nada y todas las vueltas que le dé solo añaden más daño al que ya me han hecho con todo esto. Cuando me siente delante de la jueza, daré mi versión de lo que pasó aquella noche. Hablaré desde el corazón y, si aun así no me creen, entonces aceptaré lo que no se puede cambiar.

Creo que aceptar lo que pueda suceder, aunque me hagan daño con ello, puede servir para entender que también acepto el vivir con esta incertidumbre. No pienso que deba hacerlo. Es algo que siento que puedo aceptar y por eso reconozco estos momentos de incertidumbre sin perder la calma en ningún momento. El *mindfulness* que aplico aquí es el de la aceptación-rendición, que también lo aprendí en las enseñanzas de Eckhart. Ahora no puedo hacer nada y el pensar en ello no me va a traer soluciones. El miedo que sentía al principio ya no tiene tanta fuerza y, si tengo que entrar en una cárcel, creo que podré asumirlo con entereza.

Hay muchas situaciones en incertidumbre y algunas seguro que más comprometidas que la que estoy experimentando. Entiendo que algunas incertidumbres pueden resultar muy complicadas como el quedarse sin hogar teniendo hijos pequeños, una enfermedad dolorosa y cambiante, el estar pendiente de unos resultados que van a determinar la vida de un ser querido o la propia vida, los efectos de una pandemia, una operación, seguro que hay muchas incertidumbres que desconozco y no deben ser nada fáciles. Se me ocurre hacer una meditación o práctica de *mindfulness,* pero mejor si la hacemos después de repasar distintos casos.

Vamos ahora a la ruptura en las parejas. Ese momento en el que una parte ya no siente lo que en un principio y decide comunicar a su pareja que hay que separarse. Esto es algo también muy internacional y que ocurre todos los días en cualquier rincón del planeta. Cuando nos acostumbramos a una relación, parece que se acaba el mundo si esta termina. Nos agarraremos a todo lo posible si nos sentimos abandonados. ¿Quién quiere ser abandonado por su pareja?

Una ruptura puede ser muy dolorosa, pero, si analizamos un poco lo que nos hace entrar en ese dolor, veremos que es posible aceptar una ruptura y no caer en el dolor ni en peleas. Lo primero antes de entrar en las formas de manejar una ruptura es reflexionar acerca de lo que realmente sentimos hacia nuestra pareja. Una cosa que podemos descubrir es algo que debería de sorprendernos. Si verdaderamente sentimos amor por alguien, ¿cómo es posible que se pueda transformar en odio de un día para otro? En la mayoría de los casos, lo que crea tantos problemas es el apego.

El apego es una necesidad creada hacia algo o alguien. Esta se hace más intensa en el tiempo. Hay personas que nos pueden aportar seguridad en muchas facetas de la vida. El apego sano que un niño indefenso siente hacia su madre requiere naturalmente de una atención amorosa. En la edad adulta, el apego puede suceder por otros motivos, pero, sea por lo que sea, va a producir dolor si se trata de una necesidad extrema. En términos budistas, al apego se le denomina «upadana». Los budistas consideran que, para alcanzar el Nirvana tiene que cesar ese apego, ya que es una de las primeras causas del sufrimiento «dukkha».

Esto no quiere decir que siempre se sufre porque hay apegos. Hay muchas relaciones sanas llenas de amor. Puede verse en los ojos y sentirse. Disfrutas cuando estás con tu pareja porque sabes también hacerlo cuando te encuentras sola o solo. De esa manera, se crea una relación muy sana, aunque las cosas pueden cambiar, nuestra pareja o nosotros mismos sentir algo diferente o también equivocarnos. Sea por lo que sea, las relaciones pueden llegar a su fin.

Cómo reaccionar ante una ruptura va a variar mucho en función del tipo de relación. Una vez entendido esto, va a ser más fácil despedirse de un modo amable en lugar de esas formas que crean más sufrimiento. Si vivíamos en una relación sana, podríamos intentarlo otra vez, pero, si vemos que no es posible, no es nada sano forzar debido a que no solo no va a funcionar, sino que traerá más dolor tarde o temprano. No es fácil un desenlace, pero tenemos que empezar por aceptarlo. La vida siempre nos va a traer desafíos de una u otra manera.

Podemos aprender mucho cuando las cosas se tuercen. Digamos que, si vivimos circunstancias difíciles, tenemos la oportunidad de entrar más profundamente en nuestro interior y descubrir nuestro verdadero potencial. Es algo que siempre ha estado ahí. No es nada extraño. Se trata de nuestra verdadera naturaleza.

Cuando una situación nos hace daño y no se puede cambiar, lo más saludable es aceptar. La aceptación de algo que nos produce dolor reconozco que no es fácil, pero, cuando no hay posibilidad de hacer nada, es lo único sano que podemos hacer y es posible. Nuestra tendencia suele oponerse a la realidad de maneras distintas. Una puede ser enfocándose en el futuro evitando vivir el presente. Otra opción suele ser escapar de la realidad con la bebida, el juego, las drogas y sabe Dios cuántas cosas más.

Tratar de evitar el dolor como sea es lo habitual, puesto que a nadie le gusta quedarse en ese lugar, pero la única forma de afrontarlo y superarlo es ahí, sintiendo ese dolor conscientemente. Cuando hacemos eso, al principio, puede parecer que se acaba el mundo, pero, si nos mantenemos presentes, comprobaremos que ese dolor se disuelve y, sobre todo, va a enseñarnos algo que no vamos a encontrar en ninguna universidad.

Sabemos que no es fácil aceptar algunas situaciones, pero, si en lugar de enfadarnos o deprimirnos nos hacemos más conscientes y presentes, veremos todo desde otra perspectiva y entenderemos no solo nuestros sentimientos, sino los de quien nos ha hecho daño. Ninguna persona sana, o sea; verdaderamente consciente, quiere hacer daño. Los sentimientos de una de las dos partes pueden cambiar. Se puede sentir mucha tristeza, pero será una vivencia sana si la afrontamos conscientemente.

En algunas sesiones de *mindfulness* me han pedido más de una vez que aclarara esto de la consciencia. Es difícil hablar o escribir sobre esto porque solo se puede sentir. No tiene nada que ver con lo que nos decimos con nuestros pensamientos, pues la consciencia brota de otro lugar, por eso es importante conectar con él. A este se llega viviendo en el presente aquí y ahora y, para eso, hay que dejar a un lado los pensamientos.

Cada uno de nosotros lleva dentro eso que verdaderamente somos. Es algo que la mente no puede entender, sin embargo, es lo que nos lleva a nuestro verdadero SER. Un manojo de pensamientos podrá enturbiar y confundirnos, pero solo son pensamientos. Podremos dejarnos llevar por ellos, pero, si nos damos cuenta, empezaremos a darles el lugar que les corresponde y así encontrar nuestra verdadera naturaleza. Ahí está la consciencia de la que estoy hablando. No podemos pensar en ella, solo se reconoce desde la presencia.

Siguiendo con situaciones adversas, se me ocurre una muy extrema, dado que la actividad física del cuerpo se para de golpe o en algunos casos se ha vivido siempre así. Hay quien está viendo una invalidez del cuerpo permanentemente y otros solo podemos imaginarlo. No sabemos lo que se siente ante algo que no hemos experimentado, pero sí somos capaces de conectar con cualquier ser humano que esté viviendo una situación muy difícil. Eso sería empatizar, ponernos en su lugar y llegar a ver la vida desde su perspectiva. Solo así puede surgir la compasión, que no tiene nada que ver con la lástima.

Cuando alguien sufre un accidente grave y queda en silla de ruedas, va a encontrarse con un desafío que debe de ser muy difícil de superar. Vivir eso tiene que resultar tremendo, no me cabe duda, pero hay algo que podemos observar en las personas que han quedado en silla de ruedas. Algunas no consiguen aceptar lo que les ha tocado y viven en un estado de negación. Otras no solo lo aceptan, sino que acceden a esa realidad que he mencionado. Esto lo notaremos en el brillo de sus ojos, en la expresión de su rostro o en el tono de su voz. La viveza que entra en esas personas es más que palpable y se detecta al instante.

Por supuesto que no es fácil, por eso hay que entender todas las posturas que adopta la gente porque cada uno tenemos nuestro ritmo y nuestro camino y en este no deberíamos juzgar a nadie. Si somos capaces de aportar algo positivo, eso está genial, pero, si vamos a criticar o a comparar negativamente, mejor pararse a respirar y reflexionar un poco antes de alimentar a esa negatividad.

Una cosa es comprobar que hay personas capaces de superarse ante una situación tan adversa como es quedar en silla de ruedas, pero no para castigar a quien no lo supera. Comprobar que hay quienes se superan ante algo así puede ser de gran ayuda para quien lo está sufriendo. Solo para eso y siempre respetando los tiempos de cada uno.

No hay que forzar a nadie a nada. Todo tiene que fluir y nuestra responsabilidad es colaborar a ello. Hay muchas formas positivas de ayudarnos unos a otros, para eso tenemos que dejar a un lado los juicios y las interpretaciones que siempre las elabora el ego. Este puede aparecer muy fácil en labores humanitarias. Lo mismo que hay egos exhibiéndose en yates, coches impresionantes o luciendo marcas muy caras, también se puede querer ser especial siendo una persona muy buena o al pertenecer a un colectivo de víctimas de cualquier tipo. También al considerarse un meditador avanzado o creerse un ser muy espiritual. Hay muchos ámbitos en los que el ego puede entrar, por ello hemos de andar con cuidado, pues este siempre desea ser el protagonista y llevarse aplausos o que lo compadezcan con tal de sentirse especial.

Ahora acabo de recordar algo que tiene mucha relación con el ego y que también nos hace la vida muy difícil. Es como una especie de energía atrapada que puede hacernos mucho daño si la dejemos actuar cuando se activa. Eckhart aborda ese tema con tal naturalidad que logra que detectemos esa energía para no solo evitar que nos complique la vida, sino para salir fortalecidos con una valiosa enseñanza. Tengo muchas cosas que agradecer a este maestro espiritual. A esa energía la denomina con un nombre muy apropiado «the pain body» (el cuerpo del dolor).

No había utilizado esta denominación hasta ahora porque hay personas que, cuando algo no está reconocido, pasan directamente a interpretar poniendo en marcha sus cerebros. Con esa expresión se pueden imaginar cosas raras, pero no hay nada extraño. Comprender lo que ese dolor produce y la forma en cómo actúa nos ayuda a entender algunas de nuestras actitudes y las de las personas más cercanas. Hablaremos de este tema más adelante.

Lo que está transmitiendo Eckhart por todo el mundo es una sabiduría que va más allá de las definiciones que se recogen en la biblioteca de la ciencia. Esta ciencia avanza mucho y consigue soluciones en todos los terrenos, pero en el ámbito de la paz interior no puede aportar nada buscándolo todo en el cerebro. Para muchos científicos, todo está en la física y la química. No considero sano tener controlado todo así. Esto me recuerda una frase muy buena que me parece oportuna para compartir:

«Quien había buscado en la ciencia la razón de su vida, la guía de sus actos, el ser mismo, debió de quedar desengañado».

Karl Jaspers

Para seguir en las circunstancias adversas, se me ocurre una que nos puede tocar a cualquiera. Me refiero a ser despedido del trabajo. He conocido a gente que lo ha pasado muy mal y entiendo que, si se está a gusto en un puesto, puede resultar muy difícil.

Terminar en un trabajo bien por voluntad propia o por ser despedido es algo que va a suponer un cambio importante en la vida y más si se ha estado mucho tiempo. Sea el caso que sea, se puede continuar hacia delante sin pasarlo tan mal, pero tenemos que aceptar en lugar de resistirnos. Cuando ya no está en nuestras manos, todas las vueltas que demos en la cabeza van a complicar más nuestra situación.

Al estar mucho tiempo en un mismo trabajo, se puede crear un fuerte apego. Aparte del tema económico, también está esa parte de la vida que se pasa en ese lugar y es comprensible que sintamos que hemos perdido algo importante. El apego al trabajo se puede originar de manera parecida al apego a una persona. Es como una dependencia, igual que con los objetos. Se puede pasar muy mal simplemente al perder cualquier cosa que nos importe. Considero que es bueno que observemos esto desde una perspectiva distinta para no caer en esas dependencias.

En el caso de los objetos, podremos darnos cuenta de que nuestra preocupación es excesiva. Un trabajo es diferente, pero todo lo que aparece en nuestra cabeza cuando las cosas se tuercen suelen ser pensamientos negativos. Muchas veces sacamos conclusiones absurdas que no tienen nada que ver con la realidad. Es cierto que puede ponerse nuestra vida patas arriba, pero no la vamos a solucionar llenando nuestra cabeza de pensamientos. Cualquier acción que tomemos será mucho más inteligente y efectiva con aceptación y presencia.

En todas las situaciones adversas tenemos que aplicar la aceptación porque, si pudiéramos hacer algo, lo haríamos. Al aceptar lo que sea que no podamos cambiar, surgirá la acción más apropiada.

La meditación ayuda y la que vamos a hacer después nos sirve para todos los casos. No se requiere saber nada especial para meditar. Se basa en dar un descanso a la mente dejando de pensar. Lo puede hacer cualquiera que no haya meditado nunca.

Es cierto que hay circunstancias en las que es difícil no pensar en otra cosa, pero razonando de esa vieja manera vamos a hundirnos más. Tampoco se trata de pensar cosas positivas. Pueden ser más agradables, pero no vamos a solucionar nada con cuentos de hadas. Lo importante aquí es dejar espacio sin pensamientos para que entre la presencia. Por duro que sea lo que nos esté tocando vivir, no es tanto como lo pensamos. No sé si siempre, pero habitualmente es mayor el tormento que creamos en nuestra cabeza que la propia situación.

Al dejar de pensar, nos volvemos más presentes, más conscientes. Eso es lo que hacemos en las meditaciones para vivir en el aquí y el ahora. Los pensamientos que necesitemos aparecerán de otro modo en la presencia y a esos sí se les puede dejar espacio, algo que sin duda agradecerá nuestro cuerpo.

Vamos a entrar ahora en una de esas situaciones que nos va a tocar a todos, a no ser que antes suceda un accidente. Es esa en la que, al ver fotografías de la escuela o de las bodas, nos damos cuenta de que muchas cosas han cambiado. A veces, es el color del pelo o cualquier otro detalle físico tan evidente del paso del tiempo. A envejecer no todo el mundo tiene la suerte de llegar.

En algún momento podemos creer que somos viejos o también sentirnos siempre jóvenes... Pero ¿cuándo somos realmente jóvenes o cómo dejamos de serlo? Esta pregunta no sé si nos la hacemos, pero ahora está aquí tirada en las líneas de este libro y creo que sería bueno que nos tomáramos un tiempo para reflexionar en esto.

Hay veces que consideramos que ciertas cosas solo se pueden hacer siendo niños, pero a mí me parece que lo más sano es hacerse mayor sin haber dejado nunca de ser un niño. La alegría que se tiene de niño se puede sentir durante toda la vida porque siempre está ahí. Cuando en la sociedad ponemos límites, no nos percatamos de que estamos cortando una parte esencial y esa es la que nunca envejece. Por eso no es bueno clasificar a la energía vital por la edad.

Luego hay algo que pasa casi siempre y es que, cuando se alcanzan ciertas edades, se cree que ya no se es el mismo. Está claro que con sesenta o setenta ya no se puede hacer lo que con veinte o treinta, pero eso no quiere decir que no se disfrute de la vida. Quizá con veinte se transmita menos vitalidad que con ochenta. Esto es cierto. Se pueden tener veinte años y ver todo con una mentalidad oscura por los motivos que sean. Lo bueno es que siempre se está a tiempo de abrir los ojos y mirar sin esas nubes oscuras que solo se hallaban en la mente. Si observamos desde el corazón, veremos de nuevo lo hermosa que es la vida. Esta forma de ver es posible a todas las edades, pero hay que salir de los viejos conceptos y de las etiquetas. Claro que las cosas cambian y ya no se puede hacer lo mismo que antes, pero lo más importante continúa intacto hasta el último día.

Recientemente, he preparado unos trípticos para aplicar el *mindfulness* en las personas mayores. El programa tiene nueve sesiones. Los programas habituales cuentan con ocho y he considerado una más para entrar en la edad de la presencia; esa es la que nunca envejece.

Cuando realizo esos programas y hago los diseños, me gusta adornarlos eligiendo colores y fotografías. Disfruto más al hacerlos así. Hace unos días, en uno de esos trípticos escribía: «Las arrugas pueden cubrir nuestro cuerpo, pero el interior sigue intacto. Solo hay que dejarlo brillar».

Esto no es ningún engaño, es cierto y solo podremos darnos cuenta si aprendemos a mirar de verdad. Solo así apreciaremos el interior. Puede que haya personas mayores que no dejen verse, pero eso también nos pasa con gente más joven. Hay veces que podemos adoptar posturas de defensa, cerrojo o como queramos denominarlo. Creo que se entiende lo que quiero decir. El estar abierto a la vida mostrando la verdad de lo que somos se puede hacer a cualquier edad. No hay edad para compartir esa alegría que siempre está ahí, aunque a veces nos cerremos como lo hacen las tiendas al echar las persianas.

Si una persona se cierra así, es difícil hacer nada, pero cada uno tenemos un camino y no deberíamos forzar a nadie. Solo acompañemos y demos lo mejor de nosotros estando presentes. Las personas mayores pueden seguir siendo jóvenes, incluso, tanto como a los veinte años. No es justo mirar a ninguna persona mayor como si ya no sirviera para nada, pues el ser que nació ahí dentro sigue hasta el último día, aunque a veces no seamos capaces de verlo. Un ejercicio que podríamos hacer cuando nos cuesta ver así a los demás sería tratar de vernos primero a nosotros mismos. Esto lo lograremos parándonos a respirar y sintiendo desde nuestro interior.

Si todo va bien, algún día las arrugas llegarán a cubrir nuestro cuerpo, incluso podemos tener grandes limitaciones físicas, no obstante, lo esencial puede seguir brillando. He tenido la suerte de conocer a personas muy mayores y las recuerdo por ese brillo que las hacía seguir jóvenes. Es el mismo brillo que apreciamos en quienes han aceptado vivir en silla de ruedas. Podemos sentir tristeza, pero también aparece la alegría si nos damos cuenta de que todos formamos parte de la belleza del universo, y para eso no hay ninguna edad.

Hay una de las sesiones que no la dejo pasar en ninguno de los programas que preparo. Esa sesión es: «Modo hacer-modo ser». He hablado de esto cuando mencioné la necesidad sana de ocupar el tiempo en una actividad.

Es posible que, al leer «Modo hacer-modo ser» entendamos la importancia que tiene ser conscientes de ser mientras hacemos algo. El equilibrio no solo está en repartir tiempo para hacer y ser, también en ser consciente del SER mientras se realiza lo que sea.

Ser consciente de las sensaciones y de lo que nos rodea a la vez que hacemos una tarea.

Es un buen momento para entrar en las practicas del *mindfulness* en la vida cotidiana. Estas son las prácticas que llamamos informales, no se trata de la meditación formal en la que nos ponemos a ello y hemos dejado para más adelante.

Para empezar, se me ocurren las que podemos realizar al cocinar, por ejemplo. Hay veces que, al cocinar, nuestra cabeza se va a otro lugar y nos perdemos las sensaciones de lo que estamos haciendo.

Cualquier cosa que cocinemos conscientemente no solo nos hará sentir mejor, sino que la comida estará mucho más rica. Hay muchas cosas simples que las pasamos por alto. Nos puede parecer absurdo disfrutar pelando patatas o cosas de ese estilo porque el estrés con el que se vive nos priva de gozar de los pequeños detalles. Nos perdemos en la mente. El equilibrio reside en estar a cada instante en lo que estamos y así vivir de una forma mucho más sana.

Hay un libro titulado *El milagro del mindfulness* de Thích Nhat Hanh donde hace referencia a unas cartas que escribía cuando estaba en un monasterio del Tíbet con los monjes. En estas encontramos muchas cosas sanas. He elegido una para aplicar todos los días cuando hacemos algo tan simple como fregar los platos. Con este ejemplo, observamos que no hace falta llevar a cabo cosas especiales. Basta con prestar atención a lo cotidiano.

Podemos estar media hora o una hora fregando y ni siquiera sentir el agua en nuestras manos. Esto se debe a lo de siempre. Nos enfocamos en el momento siguiente al que vivimos o nos vamos al pasado. Recuerdo que, cuando leí aquello, presté atención a las sensaciones de fregar los platos y noté que me relajaba y me sentía mucho mejor al realizar esta tarea. De esa manera, no me parecía un tiempo perdido. Esto muchas veces lo olvido y por eso recomiendo estos ejercicios también para mí mismo. Es bueno que lo recordemos y lo apliquemos en lugar de estar pensando en lo siguiente o en lo de hace una semana. Futuro-pasado..., así se nos escapa el presente.

Lo bueno es que, al darnos cuenta, podemos volver al presente. Hay un ejemplo que he escuchado varias veces a Eckhart. Se trata de cómo preparamos una taza de té o bebemos un vaso de agua. Es igual lo que hagamos. Siempre podemos caer en las distracciones, pero también volver a prestar atención a lo que estamos haciendo.

En el ejemplo del vaso de agua me reí mucho con Eckhart —me refiero viendo un vídeo donde comentaba ese detalle—. Estaba sentado en uno de sus retiros e hizo una demostración con un vaso de agua. Nos mostró dos formas distintas de beber. Una es cuando antes de coger el vaso ya estamos queriendo que el agua esté en la boca y otra era dando ese tiempo tan precioso a cada paso. Es un simple ejemplo con el que Eckhart no solo quiere que disfrutemos de cada paso, sino que comprendamos la forma tan complicada en que vivimos en general.

Hay otra actividad diaria que sirve para empezar el día con la práctica. Simplemente, al ducharnos. Es una gozada sentir el agua en el cuerpo sin pensar en nada. Estas sensaciones nos las saltamos casi siempre y no en todos los casos es por falta de tiempo, ya que las veces que nos sobra, en lugar de disfrutar de la ducha, solemos dar movimiento a las neuronas. Una cosa es que lleguemos tarde y eso suponga un desbarajuste como puede ser el perder un avión o llegar tarde a trabajar o a donde sea, pero, si no perdemos nada, la ducha es una buena ocasión para notar que estamos vivos.

En casa tenemos muchas oportunidades para hacer cosas conscientemente. Podemos hacer una lista, aunque no hace falta. En el momento en que prestamos atención a lo que sea, ya es suficiente para estar más presente. Si necesitamos realizar este proceso es porque nos hemos acostumbrado a vivir de un modo que nos impide disfrutar de cada momento. Esto en *mindfulness* lo llamamos «piloto automático». Es como que todo se hace automáticamente sin prestar atención a lo único real que hay en nuestras vidas, que siempre es el momento presente.

Hemos visto que ya tenemos un buen ejercicio para empezar la jornada con la ducha. Durante el día, cada uno verá qué hace más a menudo para poder practicar. De todos modos, esto son indicaciones, no obligaciones. La palabra obligación hace tiempo que no la uso porque no me parece sana. En su lugar, emplearía responsabilidad. Los ejercicios de *mindfulness* pueden ser muy sanos, pero nunca nos vamos a obligar a nada.

En estas indicaciones siempre se trata de prestar atención para centrarnos en el presente. Pude ser al limpiar, hacer las camas, tender la ropa, plancharla, es igual lo que llevemos a cabo, cada momento es único. La plancha puede parecer algo aburrido, pero, si prestamos atención a nuestras sensaciones, estaremos colocando la ropa con cariño. Planchar la ropa es tan digno como cualquier otra actividad. Si lo hacemos así, sentiremos paz y se notará también en el resultado del planchado.

Esto es algo que percibiremos con todo lo que hagamos. Nos podemos hacer una idea de la cantidad de actividades con las que podemos practicar en casa. Da igual la labor. Siempre habrá esa posibilidad de estar más en contacto con nuestro cuerpo y con lo que hacemos a cada instante y, en consecuencia, más presentes en nuestra vida diaria. No se trata de pensar en ello porque entonces nos lo perdemos todo. La clave para vivir en presencia es dejar de pensar, salvo que tengamos que resolver un dilema. Aun en esos casos, conseguiremos soluciones más inteligentes si damos espacios sin pensamientos. Presencia.

Nada más salir de casa tenemos más posibilidades. Esto es algo que solo puede resultar si dejamos que fluya. No pasa nada porque nos olvidemos. Es más, eso va a ocurrir muchas veces porque estamos acostumbrados a ir en piloto automático. Para comenzar, nos basta con darnos cuenta e ir practicando tranquilamente sin tomarlo como una obligación.

Cuando salimos de casa, nos encontramos con las escaleras o con el ascensor. El bajar o subir escaleras siendo consciente de cada paso es algo que nos va a sacar de los pensamientos y nos traerá al presente. No solo nos encontraremos mejor, sino que así es prácticamente imposible tener un accidente. Para mucha gente, puede resultar absurdo prestar atención a las sensaciones que se producen al bajar o subir escaleras. Esto es por lo de siempre y es normal porque nuestra forma de vida se ha enfocado en todo lo que tenemos que hacer en lugar de en lo que estamos haciendo. Si eres como la mayoría de las personas que viven con tanto estrés, percibirás una mejoría enorme en tu salud simplemente subiendo y bajando las escaleras de modo consciente.

Cuando nos toca coger el ascensor, tenemos la opción de vivir solo ese momento mientras aguardamos a que llegue. Lo habitual es sacar el móvil del bolsillo porque nos parece que todas las esperas son tiempo perdido. No sabemos lo agradable que resulta esperar sin pensar en nada. Ese instante forma parte de tu vida y es tan importante como cualquier otro, pues toda tu vida se va a realizar siempre en el presente. De todas maneras, habrá ocasiones que tengamos que mirar el móvil porque esperamos un correo o una llamada. No vamos a ser extremistas. Solo se basa en evitar esa tendencia impulsiva que nos saca de vivir el ahora.

Las posibilidades siguen al coger el autobús, arrancar el coche o al ir andando por la calle. En los medios de transporte, recomiendo que, cuando hayamos terminado con el móvil, prestemos atención a la vida. La vida está en ti y en todo lo que te rodea, y eso siempre sucede en el momento presente. Al coger el coche, también podemos hacer una o dos respiraciones conscientes antes de salir y así conduciremos más centrados y relajados. Lo mismo al parar en un semáforo o en un atasco. Al ir andando por la calle, podemos ir pensando en mil cosas y andar durante cinco minutos sin haber visto a nadie. Si en lugar de eso prestamos atención a nuestras sensaciones corporales y a lo que nos rodea, nos sentiremos mucho mejor y, a la vez, disfrutaremos de ese tramo que hacemos andando.

Cada trabajo es distinto y puede que en algunos sea más difícil estar presente, pero creo que en todos es posible. Al acabar la jornada, podemos estar más o menos cansados. Esto sí influye en que perdamos más fácil la presencia, pero, al darnos cuenta, la podemos recuperar de nuevo. Entonces nos será más fácil prestar atención a lo que vemos de camino a casa. Aunque sea monótono, constantemente hay algo diferente y nos lo perdemos si no estamos presentes. Puede que no nos apetezca ver nada y tan solo recostarnos, eso también se hace mejor estando presente.

Puedo decir que la vida mejora de manera sorprendente con solo prestar atención al momento presente. Hay muchas cosas simples que pasamos por alto. Creemos que se necesitan grandes cosas para disfrutar, pero, si no sabemos disfrutar de lo simple, no seremos capaces de hacerlo con lo que posee mucho valor.

Si vamos a caminar al monte, podemos perdernos la belleza natural por pensar en problemas o en lo que vemos en lugar de vivirlo. Una forma útil es escuchar el silencio y eso es sentir la naturaleza sin ningún pensamiento. Habrá arboles de una clase y de otra, habrá flores de todo tipo, habrá toda clase de vegetación y podemos saber los nombres de todo si lo hemos estudiado, pero, para sentir la naturaleza de verdad, tenemos que dejar la mente en silencio. Todo esto lo descubrí también gracias a Eckhart.

No creo que nos hagan falta más ejemplos. Lo importante es que nos demos cuenta de la vida a cada momento. Antes de retomar los temas que hemos dejado pendientes, me parece una buena oportunidad para practicar la meditación formal, pero podemos hacerla ahora o cuando nos venga bien.

Una técnica de meditación de las más antiguas es entrar en el aquí y el ahora. Se trata de mantenernos presentes al enfocarnos en la experiencia directa con nuestras sensaciones y nuestro entorno.

Podemos leer y encontrar mucha información interesante, pero, para meditar, no es necesario. Basta con una habitación donde podamos sentarnos en el suelo o en una silla.

Observamos nuestra respiración. Simplemente, somos conscientes de la entrada y salida del aire. De esa manera, podemos hacer unas cuantas respiraciones conscientes. Normalmente, es más fácil con los ojos cerrados. Se basa en observar el ritmo de nuestra respiración y no forzar nada. Nos mantenemos así durante uno o dos minutos para, acto seguido, hacer un escáner corporal que consiste en ir prestando atención a las diferentes partes del cuerpo.

Empezamos por sentir el contacto de los pies en el suelo, podemos mover los dedos para sentirlos más fácil. Nos concentramos en esas sensaciones de los pies durante unos segundos. Puede ser suficiente con unos cinco segundos más o menos. Eso haremos con el resto del cuerpo mientras en los intervalos nos enfocamos más en la respiración.

Hacemos tres respiraciones pausadas pero naturales cada vez que pasamos de una zona del cuerpo a otra —también puede bastar con una o dos respiraciones—. En las respiraciones tomamos conciencia de la entrada y salida del aire por la nariz y notamos cómo se llenan y vacían nuestros pulmones. Se puede hacer una pequeña retención al llenar los pulmones. Notaremos más fácil esa sensación de bienestar que encontramos al soltar el aire.

De esa forma, vamos a hacer un recorrido por todo el cuerpo desde pies a cabeza. Los pensamientos pueden aparecer en cualquier momento y pueden ser del tipo que sean, pero nosotros simplemente los observamos y los permitimos pasar de largo como si fueran nubes. Puede que nos saquen de este estado, pero no pasa nada, nos damos cuenta y volvemos a ser conscientes de nuestra respiración. Cada vez que venga un pensamiento lo observamos sin más y lo dejamos ir manteniéndonos atentos a nuestra respiración y a nuestras sensaciones corporales.

Tras esa primera conexión con las sensaciones en los pies y las respiraciones, pasamos a pantorrillas, rodillas, muslos y glúteos. Vamos dedicando unos cinco segundos aproximados a cada zona y, al pasar de una a otra, observamos nuestra respiración pausada.

Así pasamos a la cintura, abdomen, pecho, espalda y hombros. Con esto, es más fácil que se relaje nuestro cuerpo, pero no buscamos eso, tan solo prestamos atención y es posible que si hay tensiones se disuelvan. Hacemos también las respiraciones intercaladas. Es un recorrido sencillo en el que simplemente observamos a la vez que nos hacemos conscientes de nuestro cuerpo y de lo agradable de este momento en silencio.

De los hombros pasamos por los brazos, codos, antebrazos y muñecas. Es suficiente con un pequeño espacio de tiempo en cada zona intercalados por las respiraciones. Si nos cuesta notar alguna parte, le damos más atención y podremos sentirla mejor. Percibimos que la sensación de calma cada vez es mayor.

Seguimos en las manos tomando consciencia también de nuestros dedos y hacemos las respiraciones. Seguido, pasamos al cuello a la vez que notamos cómo la cabeza se sostiene sin ninguna tensión. Continuamos prestando atención a la cara. Se relaja la cara, la frente, ojos, pómulos, nariz y boca, todos los músculos se relajan. Tomamos consciencia de todo el cuerpo y la paz que nos acompaña. El cuerpo entero está en calma y somos conscientes de ello.

Proseguimos disfrutando al prestar atención a nuestra respiración y a nuestras sensaciones. Si aparecen pensamientos, los *observamos y a la vez nos hacemos conscientes de los espacios sin pensamientos. Consciencia pura. Podemos sentir la paz de un cielo cada vez con menos nubes. Estamos viviendo desde la calma del momento presente y somos conscientes de lo que eso supone.*

Así podemos permanecer el tiempo que nos apetezca y cualquier sonido o sensación que notemos formará también parte de este momento de paz. Percibimos la viveza que hay en nuestro interior.

Para esta meditación no hay un tiempo concreto, puede hacerse en quince minutos, en media hora o en el tiempo que elija cada uno, depende del que dispongamos y necesitemos. Es una meditación muy buena para el cuerpo y la mente. Con ella, nos hacemos más conscientes y presentes. Ese estado podemos llevarlo poco a poco a la vida diaria. El objetivo principal es ese. La meditación es como una muleta que puede usarse toda la vida, pero tendrá sentido si lo aplicamos en el día a día.

Las situaciones que generan estrés o ansiedad pueden suceder en cualquier instante y lugar. Cuando es así, nos puede bastar con unas respiraciones conscientes y se pueden hacer en cualquier sitio de un modo discreto.

Hay también una meditación corta que es muy eficaz. La aprendí con Eckhart. Se basa en sentir la posición de nuestras manos con los ojos cerrados. Es una meditación muy simple, pero creo que puede ser la más directa para conectar con las sensaciones sin pensamientos. Al sentir la energía que recorre por los dedos de las manos, no podemos estar pensando al mismo tiempo.

Todas las meditaciones son parecidas y nos pueden servir para cualquier circunstancia incómoda que estemos viviendo o para descansar y estar a gusto. No hay tanto misterio en esto; en realidad, no hay ninguno. Otra cosa es que cueste hacer la meditación porque nuestra situación es extrema.

El tema principal que habíamos aplazado era el de afrontar la muerte. Quizás este sea el mayor temor del ser humano.

La muerte forma parte de lo natural y todo lo que se opone a lo natural es ego. Dicho así puede sonar extraño, pero si tenemos miedo a la muerte es porque el ego no puede aceptarla. Creo que, para entender esto, primero tenemos que darnos cuenta de cómo opera el ego en este caso.

Hemos visto que el ego es un manojo de pensamientos y, si creemos que somos esos pensamientos, caemos en sus garras. El ego no solo quiere proteger una imagen, sino que no puede aceptar que se vaya a destruir.

Es el ego el que muere y lo mejor que nos puede pasar es que muera cuanto antes para poder vivir en paz en esta vida. El cuerpo también terminará desapareciendo, pero solo es un vehículo que nos sirve para expresar la vida, sin embargo, el SER, lo que realmente somos, no muere nunca; no puede verse y va mucho más allá de un manojo de pensamientos, por eso tampoco puede definirse por mucho que la ciencia lo intente.

No vamos a dejar atrás todo lo que hemos evolucionado, pero tampoco debemos olvidar nuestro origen. Cuando miramos a los ojos de un perro, podemos ver eso que no puede definirse y si podemos verlo es porque ahí no hay nada de ego. Un perro no ha evolucionado como nosotros, pero lo que vemos en él es lo mismo que hay en nuestro interior, solo que el perro no interpreta nada y debido a ello nos encanta mirar a un perro u otro animal. Siempre hay alegría dentro de esos animalitos.

Entiendo que nos cueste aceptar la muerte, pero, si nos miráramos sin ese ego, veríamos la realidad de lo que realmente somos y todos los miedos desaparecerían. Siempre es el ego el que lo hace todo difícil.

Cuando nos hacemos conscientes del ser, la muerte la entendemos de otro modo, dado que descubrimos que es el ego el que muere y la consciencia que nos une no muere nunca. Si podemos ver esto, sentiremos una gran liberación.

Me parece oportuno entrar ahora en otro de los temas que dije que retomaríamos. Se trata del cuerpo dolor. Este puede despertarse al recordar momentos duros o cuando suceden situaciones complicadas. En cualquier caso, siempre son nuestros pensamientos los que lo ponen en marcha.

Como ya dije antes, «el cuerpo del dolor» es el nombre con el que Eckhart lo reconoce. Para mí, ha sido fundamental escuchar a Eckhart hablar sobre este tema. Él es un maestro espiritual, pero entrar yo a hablar de esto me parece atrevido, por eso no voy a profundizar en ello, simplemente, voy a expresar lo que he aprendido mediante mi experiencia y la ayuda de Eckhart. Me parece un aspecto muy importante y me gustaría aportar algo para entender mejor ese cuerpo dolor que inconscientemente despertamos con nuestros pensamientos.

El comprender la forma en cómo opera el cuerpo del dolor es vital para no caer en él. Es muy importante porque en un momento puede venirse abajo todo lo que hemos aprendido, aunque eso también forma parte de la enseñanza. Al final, todo coge sentido por cruel que nos pueda parecer, pero creo que sabiéndolo podemos evitar el exceso de sufrimiento.

Aun así, yo todavía puedo seguir cayendo en ese dolor. Puede ser por el motivo que sea, pero como ya he dicho, al final son nuestros propios pensamientos. El cuerpo del dolor es energía que se alimenta solo de dolor y eso es lo que le damos si dejamos que se apodere de nuestros pensamientos. Cuando esto sucede sin duda que cuesta evitarlo, pero podemos hacerlo. Las formas de enfrentarlo no son muy diferentes a cómo combatir el ego, pues ambos van de la mano y se funden en lo mismo que nos produce la pérdida del momento presente. Ese es el antídoto también para el cuerpo dolor. La presencia.

He dicho las formas de enfrentarlo, pero más que enfrentarnos lo que hacemos es mantenernos presentes en lo que sucede y aunque no siempre es fácil, si lo conseguimos, el cuerpo del dolor terminará disolviéndose. En lugar de resistirnos, aceptamos desde la presencia. Nos rendimos al dolor y así no podrá seguir alimentándose. Es un proceso y lo normal es caer varias veces, pero en cada ocasión tendrá menos fuerza.

No sé si expreso bien lo que es el cuerpo del dolor. Quizás lo entendemos más fácil como trauma, ansiedad o energía negativa. En realidad, es energía que queda atascada. Esta energía parece que la estamos arrastrando desde hace tiempo al igual que el ego. Eckhart nos describe los distintos modos en los que el cuerpo del dolor actúa y también cómo se puede ubicar no solo en las personas sino también en colectivos o incluso en los países. En este último caso va en función de lo que durante años una cultura arrastre en distintos ámbitos; política, religión, guerras o situaciones del tipo que sean que han formado parte de la historia. Esto puede verse muy extraño, pero, a medida que entendemos cómo funciona, comprendemos también muchas cosas que pueden sorprendernos a la vez que vemos con total claridad la realidad de todo esto.

Comprobar el funcionamiento de esa energía en nosotros y cómo se disuelve es una forma de practicar algo más profundo que lo que hacemos con las prácticas de *mindfulness,* aunque no es tan complicado como parece. En realidad, es una práctica que funciona por sí sola. Se trata de dejar que entre la presencia o traerla conscientemente en los momentos en los que aparece ese viejo dolor.

Dicho de otra manera, es no dejarnos arrastrar por pensamientos negativos del pasado. Cada persona vivimos experiencias y culturas diferentes y estas, si han sido muy duras y las recordamos o alguien nos las recuerda, puede reactivarse ese cuerpo del dolor. Es igual la forma en la que nos atrape. Lo importante es descubrirlo para que esa energía no siga alimentándose. Una forma de comprobar que esa energía ha podido activarse es al observar que nos preocupamos en exceso, o sea, cuando dejamos de estar presentes. Esto puede ir acompañado de algún malestar en el cuerpo.

El descubrir el cuerpo del dolor te lleva a revelar no solo cómo opera en ti, sino que puedes entender más fácil los comportamientos más cercanos. Esto es muy importante recordarlo para no caer envueltos en ese dolor que se viene arrastrando de generación en generación.

Si al leer esta parte del libro referente al cuerpo del dolor entiendes de lo que estamos hablando mejor que antes y has decidido disolverlo totalmente, lo mejor que puedo recomendarte es entrar en las enseñanzas de Eckhart Tolle. Escuchar hablar a Eckhart acerca de esto es lo más sano que puede haber para disolver a ese viejo dolor. La transparencia y la naturalidad con la que explica cómo ocurre y cómo podemos quitarle el poder que le hemos dado es algo que no tiene precio y está alcance de cualquiera que haya decidido dejar a un lado todo ese dolor o traumas del pasado.

En el caso de que no veas necesario entrar en este tema, pásalo y continúa con la presencia que hay dentro de ti porque las personas que habéis llegado hasta esta página no solo os habéis dado cuenta de lo sano que resultar vivir en presencia, sino que ya estáis más presentes. Cada uno a su ritmo, pues esto no es una competición y, cuando la presencia empieza a entrar, se respetan todos los ritmos. Si alguien te dice que no estás presente, es muy probable que él lo esté menos. Puede que haya alguien muy presente que te aprecie y quiera ayudarte, eso es algo que notarás enseguida. Hará que te des cuenta de lo que te hace sentir mal en lugar de hacerte sentir mal.

Al entrar en contacto con la presencia, nuestro cuerpo adquiere tal sabiduría que todo lo que no necesitamos se puede ir disolviendo por sí solo. Quizás para algunos sea más fácil teniendo cerca a alguien muy presente. Esto me recuerda el ejemplo que nos pone Eckhart. Algo así como arrimar más fuego al tronco que tiene poca llama para que se funda con la llama del que tiene más fuerza. Yo no he tenido a nadie así de próximo. Lo he echado de menos muchas veces, pero tal vez de esa manera mi llama ha aprendido a mantenerse sola. De todas formas, siempre tuve a mano los libros de Eckhart y también todas esas enseñanzas que podemos encontrar en los vídeos que se están compartiendo por todo el mundo. No quiero resultar pesado con estas recomendaciones, pero no puedo evitar sugerir enseñanzas tan valiosas.

Los libros y las enseñanzas de Eckhart han llegado a millones de personas, por eso me siento algo ridículo al hacer yo recomendaciones de un ser que es reconocido como el maestro espiritual de la época. *El poder del ahora* fue publicado a finales del siglo pasado y, para cuando llegó a mis manos, ya había sido el número uno de las listas de éxitos de ventas del *New York Times*. Aun así, vivimos en un mundo que hace tanto ruido que mucha gente no sabe aún ni quién es. Hablamos de algunos jugadores de fútbol como si fueran dioses. Yo también lo hice.

El fútbol es un bonito deporte, pero el llegar a pagar disparates de dinero o a discusiones extremas, peleas, incluso muertes por defender a un equipo de fútbol nos puede indicar más claramente el nivel de consciencia en el que vivimos. Del fútbol me quedo con los pases bonitos y con la gente positiva que lo usa para transmitir su alegría.

Oprah Winfrey hizo un programa especial en el que repasaba con Eckhart un capítulo a la semana de los diez con que contaba su libro *Una nueva tierra*. A ese programa llamaban de todas partes del mundo para hacer preguntas y a todas daba una respuesta sanadora. Todo esto lo comento para que los que no le conocen puedan entender mejor de quién estoy hablando.

Fue curioso cómo llegó a mis manos *Una nueva tierra* (*A New Earth*, en inglés), que aquí en español lo tradujeron como *Un nuevo mundo ahora*. No había oído hablar de él a nadie de mi entorno nunca. No recuerdo si era por el año 2007 o 2008 cuando miraba el escaparate de una tienda que vendía artículos de oficina y material escolar. En ese escaparte había algunos libros esparcidos. A mí siempre me ha atraído el color naranja y la portada de ese libro es anaranjada. Cuando leí el título empecé a percibir una agradable sensación y, al comprobar quién era el autor, entré directamente a la tienda para comprarlo como si fuera el último libro que quedaba en la Tierra. No leí ningún otro título de todos los que había en aquel escaparate.

Nunca he comprado un libro de esa manera. Me fui con él más contento que un niño con zapatos nuevos. Había encontrado otra obra de presencia llena de sabiduría que nunca faltará en mi pequeña biblioteca.

Más adelante, pude disfrutar de ese programa de Oprah en el que repasaban el libro. Recuerdo muchas cosas buenas. Entre tanta gente que conectaba al programa hubo un hombre americano algo mayor que comentaba la importancia que estaba teniendo ese libro en su vida. Me pareció un hombre muy honesto y me hizo gracia cuando explicó que hay manuales de instrucciones para todo y para la vida no hay ninguno, que por eso agradecía a Eckhart haber escrito esa obra. En los retiros o eventos relacionados con Eckhart, siempre se respiran muy buenas vibras en el ambiente.

A sus retiros va gente de todas las esquinas del planeta y no sé si hay algún idioma al que no se hayan traducido sus libros. La verdad, no necesita apoyos. Puede que vivamos situaciones muy crueles y que haya mentiras que se prolonguen demasiado tiempo, pero morirán tarde o temprano. La verdad no muere nunca. Es eterna como la presencia.

Yo no podría estar escribiendo desde la calma que da la presencia si no fuera por Eckhart. He estado a punto de terminar con mi vida más de una vez y puedo decir que lo que me ha hecho abrir los ojos y seguir adelante han sido sus enseñanzas. Cuando las olvidaba era cuando todo oscurecía. Creo que se puede entender mi insistencia. El sufrimiento y la ayuda de Eckhart han sido mis maestros.

He estudiado dos expertos universitarios, he realizado algunos cursos de psicología y me he sacado la acreditación de instructor de *mindfulness*, pero la mayor sabiduría la he encontrado en las enseñanzas de Eckhart Tolle. Con él no he tenido que memorizar nada y, lo más importante, siempre está presente.

Por supuesto que en la enseñanza reglada aprendí muchas cosas que me han servido y es algo que agradezco, así como el contacto que tuve con algunos profesores. Todo eso lo valoro y me aportó mucho, aparte de la motivación que encontraba para seguir adelante, pero, en general, se tiende a teorizar demasiado. Esto es lo habitual, pues esa es la forma de aprender que hemos vivido todos desde la infancia. Lo que puede pasar cuando recibimos mucha información es que no dejamos espacios para conectar con nuestro interior y la vida que hacemos se pierde en teorías y conceptos. No considero que eso sea sano.

Recuerdo ahora algunas de las charlas que escuché a un asesor internacional de la educación, el señor Ken Robinson. Este hombre murió no hace mucho, en el 2020, y sentí una gran tristeza. Era un gran tipo. Doctor en Bellas Artes y en Ciencias Humanas y, entre otros muchos logros, fue nombrado *sir* por la reina de Inglaterra como reconocimiento a todo lo que nos aportó. Como profesor y director en la escuela de arte, trataba de mejorar la educación. La primera vez que le oí hablar me di cuenta de que, aparte de todos los títulos que tenía, también poseía eso que se aprende de otra manera. He rescatado parte de una de esas charlas en donde hablaba de la creatividad y de cómo a muchos niños se les puede matar esa creatividad por el exceso de información.

No sé si lo he traducido bien, pero sí como para entender lo que nos quería decir:

«La creatividad es tan importante en educación como la alfabetización...

Equivocarse es lo mismo que ser creativo...

Estamos educando a la gente para que dejen sus capacidades creativas...

...Hay algo curioso sobre los profesores. No todos, pero en general viven en sus cabezas. Viven ahí arriba... Están fuera de su cuerpo de manera casi literal. Ven sus cuerpos como una forma de transporte para sus cabezas. Es un modo de llevar sus cabezas a las reuniones».

Este hombre también tenía un gran sentido del humor y eso es un indicador de que estaba más en contacto con su interior que con las teorías definidas en la biblioteca de la ciencia.

Es cierto que, en general, todo se hace con buenas intenciones, pero inconscientemente nos podemos perder también en los pensamientos que creemos necesarios para todo y no nos dejan ver lo más importante.

Fuera de la enseñanza también nos encontramos con buenas intenciones. Hay muchos debates en donde se habla de casi todo. Más que hablar, se confirman cosas que no se han experimentado, pero que se piensa que tienen que ser así. Cuando se trata de solucionar problemas, una forma de hacerlo suele ser buscando responsables. No digo que no los haya, pero muchas veces la responsabilidad es de todos. Esto el ego no lo puede ver, puesto que siempre va a defender sus argumentos, que no son nada más que un manojo de pensamientos con los que nos identificamos tantas veces.

Vivimos en una sociedad que pretende tener todo asegurado y controlado con las buenas intenciones. Está bien prevenir, aun así, en algunos casos me parece que las situaciones difíciles no se pueden resolver como nos quieren hacer ver. En el caso del suicidio se está rompiendo ese tabú y eso puede ser positivo, pero no para hacer afirmaciones con tanta facilidad creyendo saberlo todo sobre las personas que llegan a algo tan extremo. Las intenciones pueden ser buenas, aunque solo son eso, buenas intenciones.

Es más probable que se ayude a esas personas escuchándolas y mirándolas de otro modo. Poco a poco, eso podría llevarlas a sentir que no están solas. La gente que sufre requiere atención y cariño en lugar de etiquetas.

Siento que es momento para tocar el sentido del humor. No voy a escribir chistes ni a intentar ser gracioso. Eso es normalmente lo que nos viene a la cabeza cuando hablamos del humor. No está mal y hay chistes buenísimos. Yo me sigo riendo con muchos de ellos, aunque sean repetidos, sin embargo, las mayores carcajadas las he vivido sin necesidad de buscarlas —aunque apuesto sin duda por buscar carcajadas antes que dramas—.

El humor que he visto en algunas personas brota con una espontaneidad que contagia hasta a los animales. Las buenas vibraciones se esparcen de un modo sorprendente. Cuando surgen del interior es algo que va más allá de sentirse feliz. La alegría que nace en la paz de la presencia puede curar todos los males.

Hay veces que escucho una risa y tan solo por el tono puedo sentir la paz y la presencia que hay en el interior de esta. Únicamente al escucharla, sin ver a la persona. Eso sí que tiene un gran valor.

Ese tesoro está dentro de todas las criaturas de la Tierra y cuando lo muestran algunas doy gracias al universo. En cualquier momento puede aparecer una de esas personas que han dejado el traje en la tintorería porque ya no lo necesitan. Cuando ya conoces a alguien que transmite eso, no te sorprende porque lo sabes, pero, cada vez que ves a esa persona o la escuchas hablar, sientes algo muy agradable.

Para sentir eso en los demás, debemos conectar con nuestro interior. Si no lo hacemos es como cuando nos duchamos y no sentimos el agua.

Muchas veces miramos solo el cuerpo exterior, ese que puede estar muy bien cuidado y resultar tan *sexy*. De acuerdo que hay cuerpos que son de revista, pero es curioso que aquello que hace que resulten tan bellos no puede verse.

¿Cuántas veces se descarta a algunas personas por su físico, pero, en realidad, se las descarta porque no sabemos mirar?

Podrá ser un cuerpo escultural o no. Lo fundamental está dentro. Es así como puede surgir el amor. Lo que enamora siempre está dentro. Lo demás solo es temporal y se estropea con el tiempo, pero el interior permanece y puede observarse reflejado en el exterior aun cuando nos hacemos viejos. Siempre está presente.

Disfruto mucho escribiendo porque me siento muy vivo en cada línea que escribo. Solo por eso ya ha merecido la pena. Era en invierno cuando empecé con este libro y en este verano ya comenzaron a acortar los días. En cuanto a luz porque los días siguen teniendo veinticuatro horas y siempre podemos disfrutarlas si nos mantenemos presentes. Yo siento que me estoy manteniendo y me gustaría que esa presencia se esté esparciendo en las páginas de este libro. Esparcir la presencia es esparcir amor. Eso no quiere decir que yo esté esparciendo nada. Esto que apunto es lo que está en cada uno de nosotros. No hay nada personal. Todo lo que nos une es universal.

Si perdemos esa unión, siempre estamos a tiempo de recuperarla si observamos desde el corazón igual que escuchamos esas canciones que tanto nos gustan o igual que cuando miramos a los ojos de un perro u otro animal.

Recuerdo ahora una cosa curiosa de cuando estuve por primera vez en Cuba. En alguna ocasión, comenté aquí en España acerca de esas conexiones tan auténticas que tuve con la gente de allí. Todos me dijeron lo mismo, pero ninguno escuchó de verdad lo que yo decía. Cuando algo bueno ocurre, hay muchas personas —no todas— que ponen en marcha sus cerebros porque parece que no puede haber nada bueno o consideran que es raro que haya algo bueno y más cuando se trata de otra gente.

En lugar de escuchar y conectar, pasamos a interpretar y así siempre se encuentra algo que lo que estropea todo. Es curioso que con las personas que comenté lo cercana que me pareció la gente en Cuba, todos me dijeron que eso era porque allí la gente está muy necesitada y te engañan para sacarte algo.

Yo nunca he sido tan consciente en mi vida como durante los últimos años y en ese primer viaje a Cuba vivía con el entusiasmo que eso produce. Cuando me relacioné con la gente de allí, también conocí a personas que quisieron contentarme de una forma que se notaba que era fingida. Ese comportamiento no solo lo podemos ver en ese país. Es algo que te puede suceder antes de salir del portal de tu casa vivas donde vivas. En Cuba también, y está claro que donde hay necesidades la gente aprende artimañas más fácilmente para sobrevivir, pero, si pensamos eso cuando observamos a estas personas, no vamos a conectar con ellas de verdad nunca.

Yo no pensaba nada cuando me relacionaba allí con ellos, por eso sentí la verdad de cada uno y también notaba cuando alguien me hablaba sin sentir lo que decía. Esas personas enseguida se daban cuenta de que así no iban a conocerme. Solo quienes me hablaron con el corazón conectaron conmigo.

Ese país me compartió mucha belleza. Vi a mucha gente moviéndose de un pueblo a otro haciendo autostop y, aunque la pobreza estaba por todas partes, había riqueza en muchos ojos, también en sus tonos de voz. Eso es lo que me dio la gente cubana sin pedirlo. Solo tuve que mirar y escuchar.

Solo si escuchamos en silencio podemos conectar de verdad, ese es el único modo de conocer a la gente por dentro. Esto también es universal. La consciencia es universal y solo puede sentirse en el interior. No está en la cabeza.

He hecho varios viajes en tren de San Sebastián a Madrid y ya disfrutaba antes de cogerlo. Solía estar muy entusiasmado por quién iba a ver allí y, a la vez, el viajar en este medio siempre me ha gustado. Observaba al resto de pasajeros, unos coincidían durante un tramo, otros al final y algunos durante todo el viaje. Cuando veía caras relajadas, podía ver en sus ojos algo que siempre vibraba bien. Era eso lo que hacía que disfrutara de aquellos viajes, por eso procuro no perderme las expresiones de la gente, ni los paisajes ni otros detalles simples. De esa manera, el viaje es mucho más agradable, ya sea en tren o el viaje que hacemos en nuestras vidas.

Es cierto que he vivido mucho tiempo solo y no me cabe duda de que mi forma de vida me ha hecho valorar mucho más el contacto humano. Quizás, si siempre estuviera acompañado, no tendría tiempo de observar a los demás, por eso entiendo que no siempre se puede, por ejemplo, cuando se tiene un niño en cada brazo y otro corriendo por el pasillo, pero, cuando podemos, es muy sano prestar atención a otras personas, salvo que notemos que a alguien le molesta.

Cuando estamos comprando en una tienda, hay gente que suele mirar al dependiente como si fuera un producto más y no se dan cuenta de que dentro hay un ser lleno de vida. Lo mismo al tratar cualquier asunto en una oficina o cuando nos atiende un camarero. Puede que nos parezca más o menos agradable, pero no siempre la vida es fácil para todos. Esto deberíamos de tenerlo en consideración siempre y también que a lo largo de la vida suceden muchos cambios en las personas. Por eso no es sano etiquetar a nadie. Los cambios solo se dan en la superficie, la esencia siempre permanece.

Si estás llegando al final del libro es porque no has interpretado y has sentido que algo de lo que leías resonaba contigo. Yo, al menos, siento esa conexión con los que habéis llegado hasta aquí, por ello he disfrutado en cada línea. En algunas partes reconozco que ha salido alguna lágrima al sentir tristeza, pero nunca la he alimentado con pensamientos negativos. Esos pensamientos son los que dan de comer al ego creando así sufrimiento; como nos dice nuestro amigo Eckhart, el sufrimiento es necesario hasta que deja de serlo. El final del ego es el final del sufrimiento, esa es la mayor liberación.

Puede que hayan sido diferentes los motivos por los que hemos sufrido, pero en todos los casos tenemos la oportunidad de salir adelante con una enseñanza. El que todo vaya sobre ruedas no puede mantenerse así toda la vida y los tropiezos nos han de servir para hacernos más conscientes. El exceso de fama o de poder puede convertirse también en una gran dificultad y terminar siendo un desafío. Tarde o temprano, todos tenemos la oportunidad de recuperar lo más importante, salvo quienes nunca lo hayan perdido. Eso no lo sé. Qué más da cómo nos encontremos para vernos de verdad. Benditos seáis todos.

Octubre de 2022

Me parecía que dejaba una intriga innecesaria. Finalmente, el juicio se celebró el 7 de septiembre a las diez de la mañana.

Dos días antes dudé de seguir adelante tras hablar con mi abogada. Esta me comentó que no había ninguna garantía de librarme de entrar en prisión. La acusación de la Fiscalía era muy sólida y los atestados de la Policía estaban más encaminados en mi culpa que en mi defensa. Iba a ir también un tercer policía que, por lo visto, aunque no hubiera estado el día de los hechos, van en algunos casos para aportar mejor la información. Nuestra situación, según mi abogada, era como luchar con una espada de madera contra un ejército. Ella quería que me diera cuenta de los peligros de entrar en prisión. También me advirtió de que, aunque ganáramos el juicio, el fiscal podría volver a recurrir y prolongar más tiempo esta situación.

Eso me hizo replantearme si merecía la pena continuar hasta el final o dejarlo evitando así riesgos de cárcel y de que se pudiera alargar todo. No pude dormir bien esas dos noches. Al llegar a los juzgados, se me recordó esa posibilidad de alcanzar un acuerdo. Uno en el que me podía librar de tres años y cinco meses de cárcel si admitía algo que no tenía nada que ver conmigo.

En la espera para entrar a la sala me costaba mantenerme presente con todo lo que había en ese momento. Reflexionaba en por qué no quería coger ese acuerdo y sentía lo mismo que todas las veces anteriores. Era más que un sentimiento. Sabía que, aunque el mundo entero me pidiera que vendiese mi alma, no lo podía hacer porque es mi alma la que responde, por eso siempre he sabido que no se trataba de ego. Pude ver con claridad que estaba haciendo lo que dictaba mi corazón, aunque he de reconocer que sentí miedo.

Ya en la sala, antes de comenzar el juicio, hubo unos minutos en los que la jueza y mi defensa hablaban de asuntos legales que me permitían elegir que el juicio se celebrara más adelante. Tuve que apartarme con mi abogada para decidir algo que todos consideraban muy importante. Para mí, lo vital era terminar cuanto antes con esa historia para vivir en paz el presente.

Empecé respondiendo a las preguntas del fiscal y, aunque pude hacerlo, me hubiera gustado haber estado más tranquilo. Al sentarse en ese lugar y ver cómo comienza a desarrollarse todo sabiendo que tú eres el acusado, no resulta nada fácil y menos cuando nunca te has visto en una como esa. Aun así, pude explicar cuáles eran mis intenciones las dos veces que entré en aquel *parking*. También que, a pesar de que había bebido en exceso, no intenté atropellar a ese señor ni tampoco le causé ninguna lesión.

Seguida a mi intervención, tocaba el turno a la víctima y entonces pude conocer mejor a la persona que me había denunciado.

Continuaron dos policías que solo pudieron explicar lo que se encontraron al llegar allí cuando ya había pasado todo. Uno de ellos había visto *in situ* el vídeo que grabó lo sucedido y no se había percatado de algo tan importante como que el exceso de velocidad no estaba en mi coche, sino en la reproducción del vídeo.

Según transcurría el juicio, confiaba en que se iría aclarando lo que pasó aquella noche. Cuando las cosas encajan, parece que todo se va resolviendo y, cuando es al revés, nos damos cuenta de que no hemos colocado bien las piezas del puzle.

Tras las intervenciones de estos dos policías entró un tercero muy decidido. Antes de que le pusieran el vídeo, hablaba con total seguridad dando peso a sus palabras con las que aseguraba que yo había entrado a gran velocidad intentando atropellar a la víctima y que en ese intento le rompía un dedo de la mano golpeándole con mi coche. Yo no podía entender que diera con tanta soltura una versión que no iba a poder demostrar.

Fue la propia jueza la que, tras oírle hablar, pidió que indicara esa lesión e intento de atropello viendo las imágenes. Cuando le pusieron ese vídeo, sus palabras divagaban como si no encontraran dónde apoyarse. No podía indicar en qué momento se produce el impacto de mi coche con el dedo de la mano de la víctima porque nunca se produjo. De la misma forma que sus palabras buscaban cómo explicar un intento de atropello que ni él, ni la víctima ni la testigo pudieron definir ni teniendo un vídeo que lo había grabado todo desde el minuto cero.

En cuanto a la fractura en el dedo de la mano, no me ha quedado claro cuándo se produjo ni cómo, ya que la declaración del policía no tiene nada que ver con la de la víctima, la cual aseguró que se lo rompí al cerrar la puerta del coche. La testigo que aseguró haber estado presente en todo momento sostuvo que ella no vio cómo se produjo esa lesión.

Por otro lado, cuando mi abogada demostró al policía que ese vídeo estaba reproducido al doble de su velocidad —exactamente al doble—, todos en la sala comprobamos que ese agente no encontraba ni una palabra para lo que minutos antes había confirmado con total seguridad. No he llegado a entender cómo unos profesionales pueden cometer semejante error. Era algo que podía verse claramente en el movimiento de las personas que entraban en escena, aunque bastaba con apreciar la velocidad a la que iba el propio reloj que aparecía en pantalla.

Aun así, la Fiscalía no echó para atrás la acusación. En su lectura final, mencionaba los testimonios de los agentes como una prueba veraz. Esto me removió el cuerpo por dentro. El juicio duró cerca de tres horas y, durante la última media hora, estaba agotado. Traté de aplicar todo de lo que hablo en este libro, pero tampoco resulta siempre tan fácil para mí. El tener que escuchar todo lo que oí y el revivir esas situaciones pasadas de hace ya más de tres años me consumió mucha energía.

Al llegar a casa, caí agotado en el sofá y ese día no probé bocado.

En este mes de octubre, mientras espero la sentencia, estoy viviendo algo que tiene mucho valor para mí. Disfruto de un retiro de Eckhart en México hablado en español. Lo estoy siguiendo por internet y dura cuatro días. Siempre es una bendición escucharle. No solo me transmite paz, sino que me hace reír mucho. Más que reír, muchas veces me parto de la risa. Con Eckhart te ríes del mundo sin reírte de nadie porque nada es personal y sus palabras están limpias. A mí siempre me transmite paz y presencia. Espero poder verle alguna vez en persona en uno de sus retiros o conferencias.

En cualquier caso, disfruto de sus enseñanzas y del contacto que tengo con Julie. Esta mujer trabaja en Sounds True, que es donde entre otras cosas, organizan los eventos de Eckhart. Me puse en contacto con ella por primera vez en 2015 cuando vivía aquellos momentos tan duros. Julie me prestó atención desde el primer momento y sigue haciéndolo hoy en día. Es de esas personas buenas que aparecen de vez en cuando. Por mucha estabilidad que encontremos, siempre es saludable tener relaciones y, aunque esta mujer vive en el centro de los Estados Unidos, han sido muchas las veces que me ha hecho sentir menos solo. Esas son las cosas que no se olvidan nunca. Viviendo en el presente, no nos olvidamos de las cosas buenas, en realidad, no nos olvidamos de nada importante. Tampoco desaparecen nuestras ganas de aprender, descubrir y todo va sucediendo momento a momento.

Este libro podría concluir aquí, ya que el mensaje principal siento que ha sido transmitido. El problema con la justicia no deja de ser una anécdota más que espero se aclare pronto. Al terminar el juicio, mi abogada me comentó que podríamos tener la sentencia en unos veinte días. Doy gracias de que, después de treinta y ocho días, sigo manteniendo la calma. Esto mismo hace unos años me hubiera resultado muy difícil de llevar.

Aunque sigue quedando en el aire, no veo necesario esperar a tener la sentencia para finalizar este libro, pues no es transcendente para el mensaje. Sí que lo es para mi situación de vida. Si consideran que soy inocente, seguro que sentiré un gran alivio y, si es al contrario, no será fácil, pero, si puedo mantenerme presente, seré libre donde sea que esté.

En la espera he tenido tiempo para reflexionar y me doy cuenta de la cantidad de sufrimiento que vivimos por equivocaciones, interpretaciones o por esa necesidad de estar en la razón. Siempre es el ego el que necesita quedar de pie.

Yo cometí el delito de conducir habiendo consumido alcohol y ya pagué por ello con una sanción económica, la retirada del carnet de conducir y la asistencia durante un tiempo a una autoescuela.

Esto de conducir bajo los efectos del alcohol es algo sobre lo que he reflexionado más de una vez y doy gracias de que no hice nada de lo que dicen, aunque todos sabemos que, cuando bebemos en exceso, la pérdida de la consciencia es más que evidente. Ya solo por eso es como para pararse a ver si nos merece la pena. El alcohol o las drogas nos llevan de cabeza a la inconsciencia con todo lo que eso puede suponer. De todas formas, no todos los delitos se cometen por beber en exceso o tomar drogas. Todos podemos perder la consciencia en un mundo en el que prima la imagen y no reconoce sus miserias. Deberíamos reflexionar también en esto y dar valor a lo que realmente lo tiene en lugar de a las apariencias.

En general, la sociedad quiere mostrar una imagen de que todo va bien, pero la realidad es que hay muchas mentiras, también muchos miedos, carencias y muchos antidepresivos para adaptarse a un mundo loco. Valga aquí la frase de otro gran maestro;

«No es saludable estar bien adaptado a una sociedad profundamente enferma».

Jiddu Krishnamurti

He dudado en quitar esta frase, dado que puede parecer negativa, pero no lo es. Es una frase muy positiva si sirve para darnos cuenta de dónde está la enfermedad. El ego no va a reconocer nunca sus miserias. Para eso se precisa sinceridad y esta solo surge en ese estado que pasamos por alto en nosotros mismos y en los demás. Podemos llamarle consciencia, aunque es igual el nombre que se le ponga. Lo importante es poder reconocerlo.

Yo diría que todos nos damos cuenta de la cantidad de sufrimiento que nos creamos unos humanos a otros y en todos los ámbitos. Desde las discusiones con un compañero de trabajo hasta las guerras con un país vecino o, incluso, dentro del propio país. Por esto, para mí, la sociedad no reconoce dónde está la enfermedad. Se considera normal a mucha gente que ha estudiado en una universidad y ha sido muy respetable por su imagen.

Algunos pueden llegar a gobernar un país. Luego, con el poder unos, quieren quedarse con todo y otros buscan las soluciones repartiendo armas. ¿Es esto último una solución inteligente? No lo creo y desde luego que sana no es. Puede que haya situaciones en las que haya que tomar acción, incluso para defenderse sea necesario luchar, pero será muy diferente si se hace conscientemente.

Las guerras son producidas por la inconsciencia humana y crean mucho sufrimiento. Esa inconsciencia se extiende de distintos modos y hoy en día, con las nuevas tecnologías, se hace todavía más visible. Unos quieren parecer héroes y buscan protagonismo, otros desean entrar en dramas para así buscar víctimas y culpables. La inconsciencia se expande y los políticos, los medios de comunicación y la sociedad en general entramos en ella. Si queremos paz, tenemos que mirar desde el corazón y no desde el odio que generan los egos.

Está claro que la inconsciencia puede brotar fácilmente sin alcohol y sin drogas, por tanto, la meditación es buena para todo el mundo; ejercicios que nos mantienen presentes mientras respiramos. Si hacemos eso, podemos ser conscientes de lo maravillosa que es la vida y no entrar a destruirla. Siempre estamos a tiempo de vivir el presente y dar así lo mejor de cada uno.

Nadie merece sufrir ni vivir tanto dolor. Si ya nos han hecho mucho daño, no lo vamos a solucionar devolviéndolo. Al perdonar, todo puede cambiar y, de esa forma, es más probable terminar con el sufrimiento. Podemos reflexionar acerca de los sucesos del pasado y aprender de ellos, pero no es nada sano dejarnos atrapar por el odio y el rencor.

Confío en que llegará un día en donde la consciencia que nos une coja tanta fuerza que el ego pase a ser historia. Ese día puede llegar si empezamos a compartir sin miserias el amor que todos y todas llevamos dentro.

Es posible que nuestro pasado haya sido muy difícil y también que tengamos un futuro muy incierto, no obstante, solo podemos vivir en el ahora. Fuera como fuera, el pasado pertenece a situaciones remotas en las que lo que estuvo en nuestras manos lo realizamos como creíamos mejor, con nuestros errores y aciertos. El daño que nos hicieron fue de manera inconsciente y ahora solo podemos aceptar que las cosas ocurrieron así. En cuanto al futuro, no lo vamos a resolver con nubes de pensamientos. Podemos tener proyectos y desarrollarlos, pero solo tendrán sentido si somos capaces de disfrutar de cada paso que damos hacia ellos.

Si nos mantenemos presentes en el ahora, disfrutaremos de cada momento y encontraremos siempre las mejores soluciones para cualquier situación. En el caso de que no haya arreglo, aplicaremos la aceptación y así seguiremos **viviendo desde la calma** pase lo que pase. ☺

Diciembre de 2022

Han pasado más de dos meses desde el párrafo anterior en el que daba por terminado este libro. Durante este tiempo lo he dado por concluido, pero me parece que falta algo. Ahora sé que en esta nueva prolongación voy a acabarlo definitivamente, pues he decidido poner el punto final cuando tenga la resolución de la sentencia judicial.

Como ya dije, la sentencia solo va a afectar a mi situación de vida, pero quizás resulte más fácil publicar este libro si resuelven que soy inocente. Si no es así y consideran lo contrario, trataré de publicarlo igualmente, dado que el propósito de este libro va mucho más allá de una sentencia judicial.

Esta espera no está siendo nada saludable. Sabía que debía tener paciencia, pero no imaginaba que tendría que esperar tanto. Este tipo de situaciones son las que pueden despertar al ego y al dolor y llevarnos a cualquier acción inconsciente. En alguna parte de este libro hablo de que el hecho de ser más conscientes y vivir más presentes no quiere decir que dejamos de expresar lo que sentimos o, en algunos casos, reclamar si no nos tratan bien. Podemos dejarlo pasar, pero también hablar claro sin caer en la inconsciencia que produce el ego. Yo solo puedo mostrar mi decepción con la justicia a través de las líneas de este texto.

Aunque acabara siendo absuelto, lo que me están haciendo vivir no me parece nada justo. Supongo que no soy el único que vive una espera tan prolongada. Entiendo que la profesión de juzgar los actos de los demás y tomar una decisión no debe de ser nada fácil. Yo sé que no podría hacer algo así.

Estoy tratando de hacer una vida normal. Este pasado mes de noviembre tuve la suerte de encontrar un trabajo de dependiente en una tienda de ropa. Me pilla un poco lejos, pero no he encontrado nada más cerca. Para mí, es vital tener contacto con otras personas, pero no puedo evitar pensar en cómo me verían si supiesen que estoy acusado para una pena de cárcel de tres años y cinco meses. Por mucho que yo pueda encajar esto, de alguna manera, me está limitando en muchas áreas de mi vida.

No voy a tirar más veces la toalla porque sé que, en el fondo, puedo encontrar la paz. Siempre está ahí y todos somos capaces de recuperarla. Esa es la esencia y el sentido de este libro que me gustaría compartir. Mantener la paz. Mantener la presencia.

Estoy escribiendo en plena Navidad. Recuerdo cómo en la infancia mis ojos brillaban más que las luces de Navidad. Era puro entusiasmo y en mis nacimientos no faltaba ni una oveja. Yo las contemplaba como si estuvieran vivas y guiadas por la figura de un pastor, al que también le veía con vida y feliz, luego estaban los ríos, los pescadores, las lavanderas y otras muchas figuras. Todo era mágico. Las comidas, los regalos, los juegos con mi hermano y mis padres. Cómo disfrutábamos...

En estas fechas me vienen más recuerdos de la infancia; días en los que correteaba por las calles de mi pueblo con ocho o diez años. Algunos fueron muy simples, pero no los he olvidado y sé por qué: sentía mucha paz. Tras correr por las calles y plazas, solía pararme al final de algunas de esas calles cuando el viento soplaba fuerte y entonces lo sentía por todo el cuerpo. Puedo verme allí firme con las manos en los bolsillos y esa cara llena de felicidad, aunque no hubiera nada especial. Han cambiado muchas cosas, pero ahora, a mis cincuenta y cinco años, mi sonrisa sigue siendo la misma y me emociono al recordar una época en blanco y negro con pantalones cortos y canicas en los bolsillos.

Hay otra cosa que siempre ha ido conmigo. Se trata de las amapolas. No recuerdo si sabía hablar la primera vez que las vi, pero sí que me quedaba embelesado contemplándolas. Hoy, 25 de diciembre, he empezado a dibujar dos amapolas. Les iré dando color sin prisa y, cuando las acabe, las pondré en la pared de mi casa. Me gusta poner cosas que me dan buenas vibraciones.

Las Navidades están siendo unas fechas muy duras para mí, pero voy a continuar confiando en eso que siempre ha estado en mi interior. Es eso que nos une y está dentro de todos. Por difícil que estén las cosas en nuestro entorno, siempre podemos respirar y sentir la esencia de lo que realmente somos.

Enero de 2023

Ya se han cumplido más de cuatro meses para algo que suele resolverse en un plazo de veinte días. No puede ser que yo sea tan importante como para que estudien tanto mi caso. Procuro hacer una vida normal y mantener la calma, pero me está costando. Aun así, trato de escribir cada página sin perder el momento presente. Es algo que prometí.

Ya he dicho en alguna parte de este libro que hay muchas cosas que han mejorado en mi vida debido a vivir más presente, más consciente, aunque no consigo evadirme totalmente de esta situación con la justicia. Hay noches que me despierto en un sueño en el que puedo ver cómo me llevan a una cárcel. Al despertarme, me resulta inevitable pensar en cómo explicaría algo así a las personas que han confiado en mí. Cuando no descansamos bien, el cuerpo y la mente no responden igual y la presencia se puede ir más fácil. Para mí, siguen siendo difíciles los días cuando no he descansado bien.

Ya son varias las veces que he pedido a mi abogada que exija esa sentencia, pero, por lo visto, no puede hacer más. Cree que es porque lo están fundamentando bien, pero también le parece que se está alargando excesivamente. Ella confiaba en que podría comunicarme la resolución de la sentencia antes de terminar el año.

Supongo que la jueza ha tenido tiempo suficiente para repasar el material del que dispone. No me esperaba que me fuera a tener tanto tiempo pendiente de algo tan serio. Esa mujer me causó buena impresión, no obstante, ya no sé lo que puede pasar.

A veces, me vienen sentimientos de rabia e impotencia y, aunque no caigo en ello, noto que me hago más vulnerable de lo habitual. Es curioso cómo algunas personas difíciles captan esa vulnerabilidad y eso les sirve para complicar un poco más las situaciones. Creo que todos hemos conocido a este tipo de gente. No es otra cosa que inconsciencia humana en la que todos participamos en mayor o menor medida. Tiempo atrás me resultaba muy complicado lidiar con algunas personas, pero, en la actualidad, me doy cuenta y, en lugar de caer en las reacciones, me hago más presente. De esta manera, puedo recuperar la paz.

Algunas personas no entienden que no te enfades cuando alguien te falta al respeto. No es necesario enfadarse, hay otras formas o puede que, incluso, sea mejor dejarlo pasar. Esto no quiere decir que no me afecte, lo que sucede es que algo dentro de mí no responde de ese viejo modo. Es como si mi cuerpo hubiera descubierto que el enfadarse solo trae negatividad. No siempre puedo mantenerme en paz, pero, al menos, no participo en algo que solo trae sufrimiento.

Cuando nos mantenemos presentes, en lugar de tensión, transmitimos paz y, de modo, sorprendente cambia la actitud de casi todas las personas. Hay algunas otras que se mantienen en su negatividad porque algo no les gusta. Puede que sea a consecuencia de que conocen mis asuntos con la justicia o de aquel ingreso en salud mental. Puede que también conozcan lo que ha pasado en mi relación familiar. Con todo eso, podrían etiquetarme fácilmente y hacer interpretaciones. No lo sé, son actitudes que pueden producirse por distintos motivos. Lo que sí sé es que, cuando veo esos comportamientos negativos, detrás está el ego, la inconsciencia, por eso se requiere estar muy alerta para no caer también envueltos en esta.

Es curioso cómo en mis nuevas relaciones estoy percibiendo una mayor conexión cuando nos conocemos. Es como algo que surge de forma natural entre esas personas y yo. Muchas veces son relaciones de unos minutos y quizás ya no volvamos a vernos, pero son muy gratificantes. Otras, son relaciones diarias que me siguen transmitiendo algo agradable. Algunas, sin embargo, se dejan llevar por lo que les pueden comentar acerca de mi vida. Cuando esto sucede, todo se hace mucho más difícil para mí.

Por suerte, hay quienes no se dejan llevar por los chismes y se mantienen en esa parte que nos une. Es algo que se nota porque lo que transmiten sale del corazón y entonces yo percibo que el mío late con más fuerza. Cuando esas personas sonríen, el mundo coge otro color. Esas son las sonrisas naturales que tanto amo.

Hay una tienda cerca de mi casa donde una de las chicas que me atiende me hace olvidar lo que voy a comprar. Un día le dije que es una maravilla cómo me atiende y me respondió que en la tienda daban lo mismo que recibían. No solo me lo expresó con palabras, puesto que también pude verlo en sus ojos y en su expresión. Esto lo percibo de modos diferentes en más personas y siempre es algo que vibra bien. En esta vida todo cobra otro sentido cuando nos encontramos con esa gente.

Más de una vez me acuerdo de esa frase: «Damos lo que recibimos», y es cierto. A una sonrisa natural se responde siempre con otra. Lo que es curioso es que se puede hacer justo lo contrario con las personas serias. He comprobado que, si a una expresión seria le devolvemos una sonrisa natural, la primera tiende a desaparecer. Quizás no siempre, pero sí en la mayoría de las ocasiones.

Solo porque una persona pueda dejar esa expresión seria y sonreír merece la pena mirar a todo el mundo con amor.

Hay momentos en los que me viene a la mente el asunto pendiente con la justicia. Es algo que no puedo evitar. Me resulta difícil mantenerme presente, pero sé que solo eso puede salvarme. Siento que ahora podría irme bien una meditación. Muchas veces basta con una de esas tan simples como observar la respiración y sentir el cuerpo. Otra opción que tengo es escuchar o leer a Eckhart. Esa suele ser siempre la mejor para mí. A veces, una sola página de *El silencio habla* puede bastar. Hay otra que suelo elegir, pasear por el monte o por la orilla del mar. Cualquiera de estas deja mi mente en silencio al no haber pensamientos. Estos suelen ser repetitivos cuando las cosas están difíciles en nuestro entorno y no solo no aportan nada nuevo, sino que nos sacan de la presencia. Sé que no siempre es fácil desconectar de la mente, pero también soy consciente de que es posible.

Febrero de 2023

Este mes he encontrado un trabajo más cerca de casa. Ya no tengo que desplazarme tan lejos y también se requiere tratar con clientes. En vez de ropa, vendo muebles. Estoy teniendo mucha suerte.

La tienda en la que he trabajado estos últimos meses estaba demasiado lejos. Todos los días tenía que conducir durante una hora para ir y otra para volver, me suponía mucho desgaste. Era en Navarra, frontera con Francia, donde la mayoría de los clientes son franceses, al igual que algunos de los compañeros y compañeras que he tenido. Me ha costado tratar en un idioma que, aunque conozco, me resulta difícil entenderlo y hablarlo. Esto, unido a que ha sido mi primera vez como dependiente en una tienda, ha sido todo un reto. Años atrás había estado en una tienda como voluntario, pero fue muy poco tiempo y no tenía nada que ver con esto. Para mí, ha sido toda una experiencia que, sin duda, ha merecido la pena vivir, aunque tuviera que hacer cien kilómetros diarios.

Francia es nuestro país vecino. Es curioso que al igual que pasa con algunos deportes, también entre países. Es como una especie de rivalidad que se crea con los que tenemos cerca. A veces, suele ser gracioso y sano, pero otras no lo es tanto. En el caso de España y Francia había oído cosas feas tanto por un lado como por otro, pero he comprobado que pesan más las cosas bonitas. En este tiempo que he tratado con gentes diversas de este país fronterizo, he podido ver una vez más la grandeza del corazón. Es igual el idioma que hablemos porque, cuando se expresa el corazón, siempre entiendo. Hay gente maravillosa en todas partes y, para conectar con ellas, solo tenemos que salir de la mente y escuchar con el corazón. Es así como aparecen las sonrisas naturales. Ha sido maravilloso transmitir la mía y recibir las suyas. Siempre podemos hablar y mirar con el corazón.

Qué bonita esa frase que encontramos en ese librito tan apreciado en todo el mundo por todas las cosas buenas que nos enseña cuando somos niños, pero, sobre todo, por lo que nos muestra cuando creemos hacernos mayores. Sí, estoy hablando de *El principito*. Yo tuve la suerte de que un profesor en la escuela de secundaria lo eligiera para que hiciéramos un comentario de texto. Desde entonces, no ha faltado en mi pequeña biblioteca. Voy a compartir esa frase en el idioma de quien la escribió haciendo honor a este país vecino donde he conocido a gente maravillosa.

«On ne voit bien qu›avec le coeur. L'essentiel est invisible pour les yeux».

Antoine de Saint-Exupéry

Me hubiera gustado saber más francés para haberles atendido mejor, pero, al menos, muchos se han llevado mi sonrisa y yo he podido enriquecer mi corazón con las suyas. Eso es lo que más valor tiene para mí. El idioma más hermoso nunca se podrá expresar con palabras y todos somos capaces de entenderlo. Tampoco es necesario tener los mismos gustos ni coincidir en esto y en lo otro. Cuando se conecta de verdad, no se precisa saber nada de la otra persona, simplemente, se siente esa conexión porque no se busca nada. Es algo natural que surge independientemente de nuestra posición social, edad, sexo, raza o lo que sea con lo que el ser humano tiende a clasificar. Es mejor no clasificar y observar siendo conscientes de lo que realmente nos une.

Estos días estaba muy contento al ver que encontraba un trabajo cerca de casa y no me esperaba volver a vivir algo que me sigue dejando bastante abatido.

Sea lo que sea lo que estemos viviendo, si conseguimos hacernos transparentes, podemos evitar que el dolor nos atrape. Yo tampoco lo logro siempre, pero, cuando me atrapa, ya no puede estar tanto tiempo.

«Aunque me mientan en lo más importante, sigo el ritmo de mi corazón y así me mantengo presente y en paz y puedo vivir con amor cada momento que me ofrece la vida».

Marzo de 2023

Cuando observamos nuestro modo de encajar las situaciones, nos hacemos más conscientes. El ego y el cuerpo del dolor solo pueden mantenerse en la inconsciencia y, cuando nos damos cuenta, dejamos de participar en ella. Habrá ocasiones en las que no resultará nada fácil y sólo nos quedará la aceptación. En lugar de huir del dolor aceptamos que está ahí. No nos recreamos en él, lo que hacemos es mantenernos presentes y así, poco a poco, irá perdiendo fuerza.

Puede que nos lleve un tiempo superarnos, por eso es importante ir a nuestro ritmo con amor y compasión. No hay un tiempo determinado para salir del ego y, en consecuencia, de la inconsciencia, así que nadie se desespere en las caídas. Cada uno tenemos un camino y un ritmo diferentes. Experimentamos todo tipo de situaciones y algunas nos resultan difíciles de manejar a todos. Puede que, tras llegar a mantener la paz en circunstancias complicadas, al cabo de unos días la volvamos a perder por algo más insignificante. No pasa nada. Forma parte del proceso. Con aceptación y presencia, cada vez nos anclamos más en el ahora.

Ya se han cumplido seis meses desde la celebración de un juicio donde se dictamina lo que supuestamente hice la noche del 4 de agosto de 2019. Ha cambiado mucho la forma en cómo me afecta esta espera, pero, aun así, no puedo olvidar que tengo pendiente un asunto muy importante con la justicia. Mi abogada no consigue obtener la sentencia y ahora, por lo visto, hay una huelga de letrados que está alargando todavía más este asunto. Hay días que dudo si debería ir yo mismo a los juzgados para aclarar esto de una vez.

Es curioso cómo funciona todo en la justicia. El primer abogado que llevaba este caso ni siquiera exigió los vídeos para ver lo que había pasado y, cuando el fiscal me pedía una indemnización para la víctima y una pena de cárcel, lo único que hizo este señor fue decirme que, si admitía haber cometido ese delito y pagaba la indemnización, me quedaba libre de la pena de cárcel. Me decía que estaba todo claro y que no había nada que hacer. Fue entonces cuando me puse a buscar un segundo abogado y di con la actual, que en las dos veces que se acercaba el juicio me proponía acogerme a esa propuesta del fiscal.

Mi experiencia en este mundo de la justicia no está siendo nada agradable. No sé si hay alguien en ese ámbito que pueda trabajar sin estrés. Alguien capaz de mostrar una sonrisa natural en ese mundillo merece un premio. No ha de ser nada fácil vivir en calma entre tanta tensión.

Al tratar un asunto judicial, dependes de gente que vive en un ambiente muy estresado donde el ego aparece a cada momento. Para mí, está resultando muy incómodo, pero tengo que aceptar que es algo que me ha tocado vivir como a tanta otra gente y a algunos con asuntos mucho más serios.

Hace tan solo un par de años hice ese curso en la Universidad del País Vasco donde los profesores eran y siguen siendo profesionales de la autoridad, la justicia, la psiquiatría, la psicología, el trabajo social, la política y el periodismo. En general, todos los profesores hablaban de empatía. Es un posgrado que está mayormente enfocado en gestionar las situaciones duras, de manera que las víctimas sufran lo menos posible. Está muy bien, pero, en la práctica, no me parece que se aplique esa empatía. Yo creo que tanto las víctimas como los acusados la merecen, independientemente de que estos últimos hayan o no cometido un delito.

En los casos en los que se han cometido delitos, es posible que sea necesario castigar cuando la gente no entiende de otra forma, pero considero que, para la sociedad, en general, lo más sano sería hacernos más conscientes. Si nos hiciéramos verdaderamente conscientes, muchas cosas cambiarían para el bien de todos. Entre otras, no habría víctimas de ningún tipo de violencia porque no existiría esta.

En este mes de marzo también estoy viviendo eso que se siente al ver que se puede perder el puesto de trabajo. Parece que no se están haciendo suficientes ventas y puede que no me sigan renovando. No es nada sano añadir más incertidumbres. Para mí, tampoco resulta siempre tan fácil respirar y dejar que los pensamientos pasen como nubes.

Cuando escribí ese modo de afrontar las situaciones adversas y trataba el punto de ser despedido de un trabajo, no estaba viviéndolo, por eso debemos tener cuidado cuando hablamos tan fácil de cómo llevar las cosas difíciles. Yo trato de tener esa precaución, aunque no sé si a veces puedo cometer también los mismos errores que veo en los demás.

Si me preocupa perder el trabajo no es sólo por el dinero. Sí que lo considero importante, pero no me pone triste nada que se pueda arreglar con dinero. Lo que me apena realmente es quedarme sin una herramienta que me permite estar en contacto con otros seres humanos sabiendo lo difícil que resulta encontrar un trabajo a mi edad. También me consterna ver la frialdad con la que algunas personas cierran las puertas del corazón. Cuando esto sucede, siento como si algo me rasgara por dentro.

Voy a terminar este mes con un duro golpe. Finalmente, pierdo mi trabajo. Ya veía que esto se acababa y no me equivocaba. Mis jefes no han sido nada claros conmigo y han resultado unos días muy inciertos para mí.

En breve, cerraré esa persiana que tanta alegría me daba abrir. No me gustan nada los dramas, pero me voy a permitir expresar que estoy muy triste. No puedo evitar que las lágrimas cubran mi cara, pero ahora es lo que toca y las dejo salir. También noto que estoy algo agotado de tantos palos. Me gustaría tener un poco de tregua, pero las cosas son así.

Me he despertado en medio de la noche y siento como si hubiera perdido un pedazo de mi cuerpo. Este último trabajo significaba mucho para mí. Me proporcionaba mucha vida y me servía para disfrutar tanto en el trabajo como en mi tiempo libre.

Era una gozada ver cómo mucha gente disfrutaba de mi compañía mientras les explicaba los diferentes sofás que tenemos en la tienda. Nadie se fue serio y, aunque no entraban muchos clientes, más de la mitad se llevaron algún sofá. Los que no compraron me hicieron pasar un rato muy agradable. No entiendo que no hayan querido seguir renovándome.

Me siguen saliendo lágrimas, pero no voy a perder la presencia. Lo prometí. Ahora toca esto y podré empañar esta mesa de estudio sobre la que escribo, pero no lo que intento transmitir con este libro. Eso es sagrado y nada puede empañarlo.

Ayer, antes de vivir ese duro golpe, escuchaba en las noticias que había terminado la huelga de letrados. Hablaban de que se habían retrasado muchos casos, entre ellos está el mío. Supongo que pronto me dirán algo. No puede faltar mucho.

Abril de 2023

La noche que escribía la página anterior, hubo algo importante que no quise expresar, pero ahora deseo hacerlo. Cuando se llenaba mi cara de lágrimas en la madrugada, al acostarme, no pude resistir levantarme otra vez y salir a la terraza.

El cielo estaba completamente despejado. La temperatura era muy cálida para ser una noche de reciente entrada en la primavera. También pude escuchar el canto de los primeros pajarillos madrugadores. Vi el río con su energía, los árboles, todo estaba en su sitio. Había una luna que daba una luz preciosa y, aun así, no me impedía apreciar las estrellas.

Las lágrimas continuaban en mi rostro y volví a mirar al cielo que estaba totalmente despejado y repleto de estrellas. Corría un poco de aire muy suave y la brisa acariciaba mi cara como si quisiera decirme algo. Parecía que me habíais escuchado y queríais decirme que estabais ahí conmigo.

Fue un instante mágico que me hizo sentir algo maravilloso. Noté también a ese niño que hay dentro de mí y que nunca me abandona. No podía haber más magia en la noche. Fueron tan solo unos minutos, pero experimenté una intensa vivacidad en todo mi cuerpo. Todo eran sensaciones en medio del silencio que, de alguna manera, hicieron que la tristeza se disolviera.

Eso era lo que os quería contar a todas las personas que me habéis leído con el corazón y me gustaría también daros las gracias por formar parte de ese universo que se vuelve tan espectacular cada noche. Es a vosotros a quienes está dedicado este libro, ya que, leyendo con el corazón, en algún momento aparecen las sonrisas naturales.

Sabemos de sobra a quién más está dedicado.

Eckhart ha significado tanto en «mi vida» que no tengo palabras para agradecérselo. Como él mismo dice, al usar las palabras hay cosas que no se pueden expresar y otras veces se crea una dualidad que suele confundirnos. No es correcto decir «mi vida», no es algo nuestro, sino que somos la vida. Somos eso que nos une y no puede describirse. A veces, tengo la sensación de que este libro lo estamos escribiendo entre todos.

He de decir que la primera semana de este mes estuve un poco inquieto. El mismo día que entregaba las llaves de la tienda donde no me renovaron me puse a buscar un nuevo trabajo. Nuestra inquietud se nota en todo lo que hacemos, pues las preocupaciones nos sacan del presente. La sentencia tiene que llegar en cualquier momento y sé de sobra que todo me será más fácil cuando desaparezca esa losa.

He decidido tomarme estas jornadas con calma. A veces, es muy sano pararse a respirar y sentir la vida. Hay días que simplemente paseo o me siento en una terraza y todo lo que percibo está lleno de vida. Siento tanta viveza que la notan muchas de las personas con las que me encuentro y el contacto, aunque sea mínimo, es muy agradable.

Mayo de 2023

Estos primeros días de mayo están siendo muy bonitos. Me muevo mucho en bicicleta y en transporte público. Cuando veo caras relajadas, siento más paz y, cuando son estresadas, suelo reflexionar en lo diferente que sería todo sin estrés.

Cuando dejaba mi trabajo de toda la vida, hubo una persona a la que acababa de conocer que creía que dejaba mi trabajo por el estrés. Me dijo que fuera donde fuera iba a encontrar estrés, que eso era lo normal, y era cierto. Está por todas partes y ha llegado a considerarse como algo normal. Han pasado ocho años desde aquella conversación y yo lo sigo viendo como una enfermedad. Vamos corriendo a todas partes y, desde que usamos los móviles, cuando tenemos un momento, los sacamos para muchas veces ver cosas absurdas. No hay tiempo para simplemente estar y ser conscientes de nosotros mismos y de los demás. Ser conscientes de la vida que nos rodea.

Creo que la vida sería un paraíso si nos paráramos todos de vez en cuando a respirar y a sentirla a cada momento sin prisas.

Volviendo a mi situación de vida, aquí sigo pendiente de esa sentencia que, de alguna manera, ya he cumplido una parte. Va para cuatro años desde que sucedió aquello y hoy mismo se cumplen ocho meses del juicio.

Yo pienso que no voy a entrar en prisión, pero tampoco lo sé con certeza. También puede que se prolongue otra vez. Supongo que, si me declaran culpable, recurriré con mi abogada, aunque eso resultaría agotador. No sé qué es mejor. También puede que, si acabo siendo inocente, sea el fiscal quien lo recurra. Quiero confiar en que no será así y que analizarán bien lo que pasó aquella noche, pero no lo tengo claro porque, si están siendo capaces de tenerme todo este tiempo en incertidumbre..., sabe Dios lo que puede pasar.

Algo bueno es que esa calma de la que tanto hablo se está acostumbrando a vivir conmigo cada día un poco más. Quizás esta prolongación del libro era necesaria para que podamos comprobar que, aunque la vida no pare de exponernos a situaciones adversas, siempre podremos afrontarlas y superarlas si mantenemos la presencia.

Esa presencia cada día es mayor y confío en que se mantenga. Aunque terminé en una prisión, si puedo mantener la presencia, no será tan duro. Si logramos vivir en el momento presente, podemos hacerlo en todas partes. Siempre está ahí, va a ser el único momento que podemos vivir y es lo único que tiene sentido sea donde sea.

Estos días estoy viviendo el momento y, aunque yo me sigo sintiendo joven, veo que se me han cerrado muchas puertas a mis casi cincuenta y seis años. A los que para esa edad no tenemos una vida normalizada, se nos suele considerar raritos y a mí con más boletos todavía. Aun así, yo apuesto por vivir el ahora y eso es lo que recomiendo a todo el mundo. No me gusta dar consejos, pero me parece que lo de vivir el momento presente es algo que deberían aconsejar todos los médicos.

Hoy, día 10 de mayo de 2023, muy temprano, mi abogada me ha comunicado por fin la resolución de la sentencia. El día que nació este libro no imaginaba que el punto final se iba a alargar más de un año ni que en los últimos meses iba a narrar lo que estaba sucediendo en mi vida casi a modo de diario hasta obtener el resultado de una sentencia judicial. Tampoco tenía idea de que encabezando con fecha los meses en los que me he puesto a escribir estaba creando el índice.

Todo fluía según lo iba viviendo. También han caído lágrimas por mi rostro, pero nunca han sido negativas. Hace tiempo que no entro en los dramas ni me recreo en el dolor, por eso todo tiende a fluir en calma.

Me he emocionado mucho al leer la sentencia. He sido absuelto. Ahora, por fin, puedo sentirme libre de esa losa. Santo Dios bendito. Ha sido una sensación muy agradable el ver con mis propios ojos que la jueza haya escrito esa sentencia de la manera que lo ha hecho. No deja lugar a dudas de mi inocencia y se refiere a mí con todo el respeto indicando a la vez otros asuntos que dejan muy claro lo que pasó allí. Doy gracias de que apareciera alguien sensato en toda esta historia y que, por suerte para mí, haya sido la jueza. Quizás este retraso no tenga nada que ver con ella. Seguramente, pero qué más da ya. Lo importante es que ha concluido esta pesadilla.

Entrar en una cárcel me impactaba mucho y vivir tanto tiempo con esta incertidumbre hemos podido ver que no siempre me ha resultado fácil. Algo que también me parece que ha quedado claro es que esta situación no ha sido la más dura que he vivido. Hay ocasiones en las que me sigo sorprendiendo yo mismo de que pueda seguir adelante sin el contacto natural que nos da una familia.

Seguramente, me he equivocado en algunas decisiones que he tomado a lo largo de mi vida y es cierto que hay cosas que no he hecho bien, pero no he sabido hacerlas mejor. Yo tampoco he querido hacer daño a nadie. Nadie quiere eso. Creo que nada en este mundo debería llevarnos a romper los lazos familiares. Solo el ego puede dar sentido a algo tan antinatural como esto.

El ego también ha estado en mí casi toda la vida y, aunque ya no tiene tanto poder, no creo que se haya disuelto del todo. Por suerte, ahora me doy cuenta y no caigo en él tan fácil, pero, cuando no era consciente de ese ego y se mezclaba con el dolor, no sabía manejar las situaciones como ahora, así que yo también soy responsable del deterioro de mi relación familiar.

Todo fue un cúmulo de circunstancias que no supimos manejar nadie en mi familia. Mis padres son unas excelentes personas y todo lo que ha pasado ha sido producto de acciones inconscientes por parte de todos. Cuando pensamos y actuamos de forma inconsciente, todo se vuelve insano. Si no nos percatamos, cada vez se hace más insano y todos somos responsables porque todos participamos en la inconsciencia de uno u otro modo.

Mi padre es un buen hombre que merece todo mi respeto y mi cariño y, aunque el poco contacto que tenemos es complicado, no descarto que las cosas cambien. Quizás en su última etapa las cosas podrían cambiar y tener al menos un poco de contacto sano. Eso sería muy grande para mí. En cualquier caso, mi padre ha sido siempre un buen padre que trabajó toda su vida para sacarnos adelante. Pase lo que pase, siempre me llevaré de él esa parte buena porque eso es lo que es.

En cuanto a mi madre, lo mismo. He de decir que se crio en una época en la que la situación era muy difícil. La guerra civil española ocasionaba mucha hambre entre otras desgracias. Vivía en un pueblecito de Burgos e iba a una de esas escuelas de la época. Sin apenas preparación, marchó de su pueblo para ir a trabajar a un sitio desconocido y empezar una nueva vida. Mi madre conoció a mi padre ahí y fue donde nos criaron a mi hermano y a mí. Tuvo también que trabajar mucho para sacarnos adelante. Es una buena mujer y lo hizo lo mejor que pudo. Nunca me olvidaré de su cariño. Me quedo con eso y con todas las cosas buenas que me dio.

Mi hermano también vivió sus épocas complicadas y tuvo que enfrentarse a sus retos. Consiguió superarse y salir adelante. Es un gran tipo, aunque algo se enquistó demasiado en nuestra relación. He vivido momentos muy duros y nunca pensé que podría actuar como lo ha hecho. Quizás yo tampoco supe ayudarle a él cuando lo necesitaba. En cualquier caso, me dio también muchos momentos buenos y es con eso con lo que me quedo.

En cuanto al resto de familiares, lo mismo. Con algunos la relación fue extremadamente complicada y siempre los motivos que nos llevaron a esos extremos fueron producto de la inconsciencia por ambas partes, así que me quedo con todo lo bueno que hay en mi familia, aunque no pueda disfrutar con ella. Estas cosas pueden pasar en todo tipo de relaciones y de ámbitos.

Siempre es el ego el que lo complica todo. El ego está o ha estado en todas las personas de este mundo. Es algo que se instauró en los seres humanos desde hace sabe Dios cuándo. El ego ha quedado claro que es un manojo de pensamientos y nosotros somos el SER, algo divino que no puede definirse. Hay veces que se oscurece por las nubes del ego, pero el SER es sagrado y permanece eternamente.

Mi relación familiar se rompió hace tiempo. Esto es lo más duro que he vivido y con lo que he tenido que aprender a vivir, pero sé que, aunque las nubes del ego hayan oscurecido nuestra relación, en el fondo, permanecemos unidos. Lo que realmente somos no puede destruirse y eso es con lo que me quedo. Ni ellos ni yo hemos sabido hacerlo mejor. No es culpa de nadie. No hay ni buenos ni malos. Es nuestro nivel de conciencia. Todos podemos ser más o menos conscientes a lo largo de nuestras vidas.

Ahora solo confío en seguir adelante y disfrutar de las pequeñas cosas que nos ofrece la vida. Sé que no se puede hacer daño de manera consciente y eso me da fuerzas para entender y vivir en calma aceptando lo que no puedo cambiar; así, recuperamos esa paz que siempre está ahí. Puede que perdamos la sonrisa por un tiempo, pero, si nos mantenemos presentes, pronto volverá. Yo lo he experimentado varias veces y por eso insisto en ello.

En este último tramo del libro, mis fuerzas han flaqueado un poco y ha sido gracias a aplicar más aceptación y presencia, lo que me ha llevado a recuperar la paz. Hay muchas personas que perciben nuestro estado de paz, aunque no todo el mundo está abierto a ella. Como ya he dicho varias veces, el camino de cada uno es diferente, por eso es muy sano ser compasivos con todo el mundo. Si en lugar de responder a la inconsciencia con más inconsciencia lo hacemos de manera consciente, todo se armonizará tarde o temprano. Bendita presencia. Bendito amor. Bendita llama de la consciencia.

Oiartzun, 15 de mayo de 2023

La esencia es eterna y siempre permanece.
Nada ni nadie puede destruirla

He elegido la última página de este libro para ese lugar donde el silencio invita a la presencia. Podemos encontrarlo en las tardes de sol, en las noches despejadas, en las mañanas lluviosas... Siempre está ahí.

Al igual que con un poco de agua podemos mantener a las plantas con tierra fresca, con un poco de atención podemos hacernos conscientes del momento presente.

Esa es la esencia de la vida y solo puede suceder aquí y ahora. Solo puede ocurrir en este instante para el que no hay ninguna fecha. Es ese lugar sagrado que únicamente se da en el momento presente.

Confío en que os haya llegado algo de presencia y que siga aumentando tanto en mí como en todas vosotras y vosotros para así poder llegar al final del ego y, en consecuencia, al final del sufrimiento.

Índice